旅游政策与法律法规应试一本全

全国导游人员资格考试辅导丛书

刘丽红 | 主编 LIULIHONG ZHUBIAN

QUANGUO
DAOYOU RENYUAN
ZIGE KAOSHI
FUDAO CONGSHU
LÜYOU ZHENGCE YU
FALÜ FAGUI
YINGSHI
YIBENQUAN

山西出版传媒集团 山西经济出版社

图书在版编目（CIP）数据

旅游政策与法律法规应试一本全/刘丽红主编. —太原：山西经济出版社，2016.4

（全国导游人员资格考试辅导丛书）

ISBN 978-7-5577-0015-7

Ⅰ.①旅… Ⅱ.①刘… Ⅲ.①旅游业-方针政策-中国-资格考试-自学参考资料②旅游业-法规-中国-资格考试-自学参考资料 Ⅳ.①F592.0②D922.296

中国版本图书馆CIP数据核字（2016）第076899号

旅游政策与法律法规应试一本全

主　　编：刘丽红
出 版 人：孙志勇
策　　划：董利斌
责任编辑：张　蕾
助理责编：陈海红
装帧设计：赵　娜
内文排版：华胜文化

出 版 者：山西出版传媒集团·山西经济出版社
社　　址：太原市建设南路21号
邮　　编：030012
电　　话：0351—4922133（发行中心）
　　　　　0351—4922085（综合办）
E-mail：scb@sxjjcb.com（市场部）
　　　　zbs@sxjjcb.com（总编室）
网　　址：www.sxjjcb.com

经 销 者：山西出版传媒集团·山西经济出版社
承 印 者：山西三联印刷厂

开　　本：787mm×1092mm　1/16
印　　张：15
字　　数：240千字
版　　次：2016年8月　第1版
印　　次：2016年8月　第1次印刷
书　　号：ISBN 978-7-5577-0015-7
定　　价：28.00元

全国导游人员资格考试辅导丛书

编审委员会

主　任：贾雪梅

副主任：范志萍

编　委：（按姓氏笔画排序）

力霁频　王军雷　王志雄　王　昕　王晓岗

刘丽红　成宏峰　张　焱　李本振　侯玉婵

侯　娜　赵治龙　郭　伟　程　佳　裴　炜

魏莉霞

《旅游政策与法律法规应试一本全》

主　编：刘丽红

编　写：刘丽红　成宏峰　程　佳　侯　娜　赵治龙

王志雄

序言

被誉为“三晋旅游人才的摇篮”的太原旅游职业学院，建校 30 年来，为山西省旅游业培养了大量优秀的导游人才。多年来，为适应全国导游人员资格考试的需求，学院旅游管理系导游专业教师在课堂教学及考前辅导培训方面投入了巨大的精力，倾注了大量的心血，使我院学生在历年的全国导游人员资格考试中均取得了优异成绩。

“幸福越与人共享，它的价值越增加”，2013 年我们将多年积累的教学成果编辑整理成册，并在山西经济出版社的大力支持下顺利出版了《全国导游人员资格考试辅导丛书（山西考区）》，该辅导丛书一经出版面世好评如潮。2015 年 8 月，国家旅游局颁布的《关于完善“导游人员从业资格证书核发”行政审批事项有关工作的通知》，明确从 2016 年起，实行全国统一的导游人员资格考试。本着对广大考生认真负责的态度，编写团队的老师对《2016 年全国导游人员资格考试大纲》（旅办发〔2016〕14 号）进行认真解读，凭借多年的教学积累和应考经验，对 2013 版《全国导游人员资格考试辅导丛书（山西考区）》重新进行细致的修订。本套丛书继续本着实用性、科学性、权威性、高效性的原则，为考生能在最短的时间、以最有效的复习方式顺利通过考试提供帮助。

本丛书一套 5 册，其中《全国导游基础知识应试一本全》

的主编为范志萍，编写者为范志萍、裴炜、王军雷、贾雪梅、力霁频；《山西导游基础知识应试一本全》的主编为裴炜，编写者为裴炜、范志萍、王军雷、张焱；《导游业务应试一本全》的主编为王昕，编写者为王昕、郭伟、王晓岗、李本振；《旅游政策与法律法规应试一本全》的主编为刘丽红，编写者为刘丽红、成宏峰、程佳、侯娜、赵治龙、王志雄；《山西实用导游词一本全》的主编为王晓岗、裴炜，副主编为魏莉霞，编写者为王晓岗、裴炜、魏莉霞、侯玉婵、范志萍、贾雪梅、赵治龙。

在此，对《全国导游人员资格考试辅导丛书》再版给予鼎力支持的山西经济出版社副总编董利斌、全体编辑人员和多年来支持信任我们的广大读者表示衷心感谢！也恳请诸位对我们编写中的不足给予批评指正并提出宝贵意见，为此我们深表谢意！

祝大家一切顺利！

《全国导游人员资格考试辅导丛书》编委会

2016年6月

使用说明

三年前，为满足广大参加全国导游人员资格考试的考生的需求，太原旅游职业学院旅游管理系的专业教师精心编写了《全国导游人员资格考试辅导丛书（山西考区）》。这套丛书是老师们根据自己多年辅导学生参加全国导游人员资格考试的经验，悉心专研教材，认真研究全国各省的考试真题，精心梳理考点，并整合、编写了大量的章节试题、仿真模拟题及导游词，来帮助考生顺利应考。经过三年来近万名考生的使用，获得了良好的声誉。

2016年1月，国家旅游局公布了《关于公布（〈2016年全国导游人员资格考试大纲〉）的通知》（旅办发〔2016〕14号），对2016年全国导游人员资格考试进行了全面部署。与以往相比，2016年的全国导游人员资格考试发生了一些变化，考试科目包括“政策与法律法规”“导游业务”“全国导游基础知识”“地方导游基础知识”和“导游服务能力”。考试形式分笔试和现场考试两种，笔试科目实行机考，各地使用国家旅游局统一的计算机考试系统进行考试。新大纲中，笔试科目的考试题型分单项选择题和多项选择题两种，单项选择题60题（30分），多项选择题70题（70分），总计100分。据此，老师们在原来的基础上，重新整理编写了各科“一本全”。

《旅游政策与法律法规应试一本全》是以最新版的考试大纲为依据，参考了旅游教育出版社出版的《政策与法律法规》教材，权威可靠，可作为全国各地考生迎战全国导游人员资格考试的参考用书。本书在编写中力求做到既能反映导游考试特点，又能便利广大考生复习。在形式上，本书沿袭了往年《导游资格考试一本全》的体例，分为三编。第一编为“章节知识要点汇集”，将考试大纲细化，来帮助考生对书本的知识进行系统的梳理和归纳。第二编为“章节模拟题集锦”，老师们精心编写了大量的章节习题，针对性极强，可供考生课后进行同步练习。第三编提供四套仿真模拟题，助考生在考前进行全面的自测、模拟、热身，以达到应试的效果。

在本系列辅导教材的编写过程中，教师们付出了全部的热情和精力，但是疏漏和不当之处难免会出现，恳请广大考生、专家学者、培训工作者批评指正。

《旅游政策与法律法规应试一本全》编者

2016 年 6 月

目录

第一编　章节知识要点汇集

《中华人民共和国宪法》

★熟悉《中华人民共和国宪法》(以下简称《宪法》)序言及总纲的内容。

★熟悉《宪法》规定的我国基本国策、根本制度、根本任务和国家机构。

★掌握《宪法》关于公民的基本权利和义务的规定。

★熟悉国旗、国歌、国徽和首都的规定。

1. 现行《宪法》制定与修正时间：1982 年 12 月 4 日第五届全国人民代表大会第五次会议通过，全国人民代表大会于 1988 年、1993 年、1999 年和 2004 年先后四次修正。

2. 我国的国体（国家性质）：人民民主专政。中华人民共和国是工人阶级领导的、以工农联盟为基础的人民民主专政的社会主义国家。

3. 我国的政体：人民代表大会制度。中华人民共和国的一切权力属于人民。人民行使国家权力的机关是全国人民代表大会和地方各级人民代表大会。

4. 中华人民共和国的国家机构实行民主集中制的原则。

5. 民族区域自治制度：在国家统一领导下，各少数民族聚居的地方实行区域自治，设立自治机关，行使自治权。各民族自治地方都是中华人民共和国不可分离的部分。

6. 中华人民共和国实行依法治国，建设社会主义法治国家。

7. 中华人民共和国的社会主义经济制度。

经济制度的基础	生产资料的社会主义公有制，即全民所有制和劳动群众集体所有制
经济制度	坚持公有制为主体、多种所有制经济共同发展
分配制度	按劳分配为主体、多种分配方式并存

8. 我国宪法规定的经济形式的种类，各类经济形式的性质、地位、国家对各类经济形式的基本政策。

<table>
<tr><th>经济形式</th><th>性质</th><th>地位</th><th>政策</th></tr>
<tr><td>全民所有制经济</td><td rowspan="2">公有制经济</td><td>国民经济中的主导力量</td><td>国家保障国有经济的巩固和发展</td></tr>
<tr><td>劳动群众集体所有制经济</td><td>我国国民经济的重要组成部分</td><td>国家保护城乡集体经济组织的合法的权利和利益，鼓励、指导和帮助集体经济的发展</td></tr>
<tr><td>个体经济</td><td rowspan="3">非公有制经济</td><td rowspan="2">社会主义市场经济的重要组成部分</td><td rowspan="2">国家保护个体经济、私营经济等非公有制经济的合法的权利和利益。国家鼓励、支持和引导非公有制经济的发展，并对非公有制经济依法实行监督和管理</td></tr>
<tr><td>私营经济</td></tr>
<tr><td>中外合资、中外合作、外商独资企业</td><td>必须遵守中华人民共和国的法律</td><td>保护它们的合法的权利和利益</td></tr>
</table>

9. 社会主义的公共财产神圣不可侵犯。公民的合法的私有财产不受侵犯。

10. 宪法的修改，由全国人民代表大会常务委员会或者五分之一以上的全国人民代表大会代表提议，并由全国人民代表大会以全体代表的三分之二以上的多数通过。法律和其他议案由全国人民代表大会以全体代表的过半数通过。

11. 我国的基本国策、根本制度和根本任务。

基本国策	计划生育、节约资源和保护环境、科教兴国、耕地保护、对外开放
根本制度	社会主义制度
根本任务	沿着中国特色社会主义道路，集中力量进行社会主义现代化建设

12. 我国的国家机构。

国家权力机关	中华人民共和国全国人民代表大会是最高国家权力机关，全国人民代表大会每届任期五年
中华人民共和国主席	中华人民共和国主席、副主席由全国人民代表大会选举，任期五年

国家行政机关	中华人民共和国国务院，即中央人民政府，是最高国家权力机关的执行机关，是最高国家行政机关
国家军事机关	中华人民共和国中央军事委员会领导全国武装力量，任期五年
国家审判机关和检察机关	中华人民共和国人民法院是国家的审判机关，中华人民共和国人民检察院是国家的法律监督机关

13. 公民的基本权利和义务。

基本权利	平等权；政治权利和自由（选举权和被选举权，言论、出版、集会、结社、游行、示威的自由）；宗教信仰自由（任何国家机关、社会团体和个人不得强制公民信仰宗教或者不信仰宗教，不得歧视信仰宗教的公民和不信仰宗教的公民。国家保护正常的宗教活动。任何人不得利用宗教进行破坏社会秩序、损害公民身体健康、妨碍国家教育制度的活动。宗教团体和宗教事务不受外国势力的支配）；人身自由（人身自由不受侵犯，任何公民非经人民检察院批准或者决定或者人民法院决定，并由公安机关执行，不受逮捕。禁止非法拘禁和以其他方法非法剥夺或者限制公民的人身自由，禁止非法搜查公民的身体。人格尊严不受侵犯。禁止用任何方法对公民进行侮辱、诽谤和诬告陷害。住宅不受侵犯。禁止非法搜查或者非法侵入公民的住宅。通信自由和通信秘密受法律的保护）；监督权和取得赔偿权；社会经济权利（劳动的权利和义务，休息权，退休人员生活保障权，获得物质帮助的权利）；文化教育权利与自由（受教育的权利和义务，进行科学研究、文学艺术创作和其他文化活动的自由）； 特定主体的权利（妇女权利的保障，婚姻、家庭、母亲、儿童和老人受国家保护，国家保护华侨、归侨和侨眷的正当的权利和利益）
基本义务	维护国家统一和全国各民族团结的义务；遵守宪法和法律，保守国家秘密，爱护公共财产，遵守劳动纪律，遵守公共秩序，尊重社会公德；维护祖国的安全、荣誉和利益的义务；保卫祖国、抵抗侵略，依法服兵役和参加民兵组织；依法纳税的义务；计划生育的义务

14. 国旗、国歌、国徽和首都。

中华人民共和国国旗	五星红旗
中华人民共和国国歌	《义勇军进行曲》
中华人民共和国国徽	中间是五星照耀下的天安门，周围是谷穗和齿轮
中华人民共和国首都	北京

依法治国与依法治旅

★了解《中共中央关于全面推进依法治国若干重大问题的决定》所提出的全面依法治国的重大意义、指导思想和总目标。

★熟悉依法治国的五大体系、六大任务。

★熟悉依法治旅的意义和措施。

1. 全面依法治国的重大意义、指导思想和总目标。

重大意义	依法治国，是坚持和发展中国特色社会主义的本质要求和重要保障，是实现国家治理体系和治理能力现代化的必然要求，事关我们党执政兴国，事关人民幸福安康，事关党和国家长治久安；全面建成小康社会，实现中华民族伟大复兴的中国梦，全面深化改革，完善和发展中国特色社会主义制度，提高党的执政能力和执政水平，必须全面推进依法治国
指导思想	全面推进依法治国，必须贯彻落实党的十八大和十八届三中全会精神，高举中国特色社会主义伟大旗帜，以马克思列宁主义、毛泽东思想、邓小平理论、“三个代表”重要思想、科学发展观为指导，深入贯彻习近平总书记系列重要讲话精神
总目标	建设中国特色社会主义法治体系，建设社会主义法治国家

2. 依法治国的五大体系和六大任务。

五大体系	完备的法律规范体系，高效的法治实施体系，严密的法治监督体系，有力的法治保障体系，完善的党内法规体系
六大任务	完善以宪法为核心的中国特色社会主义法律体系，加强宪法实施；深入推进依法行政，加快建设法治政府；保证公正司法，提高司法公信力；增强全民法治观念，推进法治社会建设；加强法治工作队伍建设；加强和改进党对全面推进依法治国的领导

3. 将每年 12 月 4 日定为国家宪法日。在全社会普遍开展《宪法》教育，弘扬《宪法》精神。建立《宪法》宣誓制度，凡经人大及其常委会选举或者决定任命的国家工作人员正式就职时公开向《宪法》宣誓。

4. 法律的权威源自人民的内心拥护和真诚信仰。人民权益要靠法律保障，法律权威要靠人民维护。必须弘扬社会主义法治精神，建设社会主义法治文化，增强全社会厉行法治的积极性和主动性，形成守法光荣、违法可耻的社会氛围，使全体人民都成为社会主义法治的忠实崇尚者、自觉遵守者、坚定捍卫者。

5. 牢固树立有权力就有责任、有权利就有义务的观念。加强社会诚信建设，健全公民和组织守法信用记录，完善守法诚信褒奖机制和违法失信行为惩戒机制，使尊法守法成为全体人民的共同追求和自觉行动。

6. 加强公民道德建设，弘扬中华优秀传统文化，增强法治的道德底蕴，强化规则意识，倡导契约精神，弘扬公序良俗。发挥法治在解决道德领域突出问题中的作用，引导人们自觉履行法定义务、社会责任、家庭责任。

7. 依法治旅的意义和措施。

依法治旅的意义	依法治旅是依法治国总目标对旅游业发展的根本要求；依法治旅是新时期旅游业发展的重要标志；依法治旅是新形势下旅游业法治建设的迫切要求
依法治旅的措施	扎实推进旅游行业的依法行政；继续完善旅游法规制度体系；全面提高旅游执法水平

旅游政策

★熟悉《国务院关于加快发展旅游业的意见》（国发〔2009〕41 号）、《国务院关于促进旅游业改革发展的若干意见》（国发〔2014〕31 号）、《国民旅游休闲纲要（2013—2020 年）》（国办发〔2013〕10 号）和《关于进一步促进旅游投资和消费的若干意见》（国办发〔2015〕62 号）的主要内容以及对我国旅游业发展的影响。

★了解我国旅游业“十三五”发展的指导思想、主要目标、规划指标、主要任务。

1. 国务院关于旅游业的4个政策文件及发文时间。

《国务院关于加快发展旅游业的意见》 （国发〔2009〕41号）	2009年12月1日
《国务院关于促进旅游业改革发展的若干意见》 （国发〔2014〕31号）	2014年8月9日
《国民旅游休闲纲要（2013—2020年）》 （国办发〔2013〕10号)	2013年2月2日
《关于进一步促进旅游投资和消费的若干意见》 （国办发〔2015〕62号）	2015年8月4日

2.《国务院关于加快发展旅游业的意见》的主要内容。

<table>
<tr><td rowspan="3">总体要求</td><td>指导思想</td><td>以邓小平理论和“三个代表”重要思想为指导，深入贯彻落实科学发展观，进一步解放思想，深化改革开放，加强统筹协调，转变发展方式，提升发展质量，把旅游业培育成国民经济的战略性支柱产业和人民群众更加满意的现代服务业</td></tr>
<tr><td>基本原则</td><td>坚持改革开放，破除体制机制性障碍，充分发挥市场配置资源的基础性作用，走内涵式发展道路，实现速度、结构、质量、效益相统一；坚持以人为本，安全第一，寓管理于服务之中，不断满足人民群众日益增长的旅游消费需求；坚持以国内旅游为重点，积极发展入境旅游，有序发展出境旅游；坚持因地制宜，突出优势，推动各地旅游业特色化发展；坚持节能环保，合理利用资源，实现旅游业可持续发展</td></tr>
<tr><td>发展目标</td><td>到2015年，旅游市场规模进一步扩大，国内旅游人数达33亿人次，年均增长10%；入境过夜游客人数达9000万人次，年均增长8%；出境旅游人数达8300万人次，年均增长9%。旅游消费稳步增长，城乡居民年均出游超过2次，旅游消费相当于居民消费总量的10%。经济社会效益更加明显，旅游业总收入年均增长12%以上，旅游业增加值占全国GDP的比重提高到4.5%，占服务业增加值的比重达到12%。每年新增旅游就业50万人。旅游服务质量明显提高，市场秩序明显好转，可持续发展能力明显增强，力争到2020年我国旅游产业规模、质量、效益基本达到世界旅游强国水平</td></tr>
</table>

主要任务	深化旅游业改革开放，放宽旅游市场准入，打破行业、地区壁垒，简化审批手续，鼓励社会资本公平参与旅游业发展，鼓励各种所有制企业依法投资旅游产业。优化旅游消费环境，逐步建立以游客评价为主的旅游目的地评价机制，倡导文明健康的旅游方式。在全社会大力倡导健康旅游、文明旅游、绿色旅游，使城乡居民在旅游活动中增长知识、开阔视野、陶冶情操，加快旅游基础设施建设，重点建设旅游道路、景区停车场、游客服务中心、旅游安全以及资源环境保护等基础设施，实施旅游厕所改扩建工程。推动旅游产品多样化发展，实施乡村旅游富民工程，开展各具特色的农业观光和体验性旅游活动，培育新的旅游消费热点。大力推进旅游与文化、体育、农业、工业、林业、商业、水利、地质、海洋、环保、气象等相关产业和行业的融合发展。提高旅游服务水平，以游客满意度为基准，全面实施《旅游服务质量提升纲要》。丰富旅游文化内涵，把提升文化内涵贯穿到吃、住、行、游、购、娱各环节和旅游业发展全过程。推进节能环保，实施旅游节能节水减排工程。合理确定景区游客容量，严格执行旅游项目环境影响评价制度，加强水资源保护和水土保持。倡导低碳旅游方式，促进区域旅游协调发展。中西部和边疆民族地区要利用自然、人文旅游资源，培育特色优势产业。东部发达地区、东北等老工业基地要通过经济结构调整，提升旅游发展水平。积极推动海南国际旅游岛建设
保障措施	加强规划和法制建设，制定全国旅游业发展规划，旅游基础设施和重点旅游项目建设要纳入国民经济和社会发展规划。设立“中国旅游日”，落实带薪休假制度。加强旅游市场监管和诚信建设，旅游、工商、公安、商务、卫生、质检、价格等部门要加强联合执法，开展打击非法从事旅游经营活动，整治“零负团费”、虚假广告、强迫或变相强迫消费等欺诈行为，维护游客合法权益，加强旅游诚信体系建设。加强旅游从业人员素质建设，整合旅游教育资源，加强学科建设，优化专业设置，深化专业教学改革，大力发展旅游职业教育，提高旅游教育水平。加强旅游安全保障体系建设，以旅游交通、旅游设施、旅游餐饮安全为重点，严格安全标准，完善安全设施，加强安全检查，落实安全责任，消除安全隐患，建立健全旅游安全保障机制。加大政府投入，地方各级政府要加大对旅游基础设施建设的投入，各级财政要加大对旅游宣传推广、人才培训、公共服务的支持力度。加大金融支持，对符合旅游市场准入条件和信贷原则的旅游企业和旅游项目，要加大多种形式的融资授信支持，合理确定贷款期限和贷款利率，符合条件的旅游企业可享受中小企业贷款优惠政策。完善配套政策和措施，落实宾馆饭店与一般工业企业同等的用水、用电、用气价格政策，允许旅行社参与政府采购和服务外包

3.《国务院关于促进旅游业改革发展的若干意见》的主要内容。

树立科学旅游观	创新发展理念，坚持深化改革、依法兴旅，处理好政府与市场的关系，推动形成政府依法监管、企业守法经营、游客文明旅游的发展格局。加快转变发展方式，以转型升级、提质增效为主线，推动旅游产品向观光、休闲、度假并重转变，满足多样化、多层次的旅游消费需求。推动旅游开发向集约型转变，更加注重资源能源节约和生态环境保护，更加注重文化传承创新，实现可持续发展
增强旅游发展动力	深化旅游改革，加快推进旅游领域政企分开、政事分开，切实发挥各类旅游行业协会的作用，鼓励中介组织发展。推动旅游市场向社会资本全面开放，破除对旅行社跨省设分社、设门市的政策限制，鼓励品牌信誉度高的旅行社和旅游车船公司跨地区连锁经营。取消边境旅游项目审批，将旅行社经营边境游资格审批和外商投资旅行社业务许可下放至省级旅游部门。推动区域旅游一体化，进一步深化对外合资合作，支持有条件的旅游企业"走出去"，积极开拓国际市场。完善国内国际区域旅游合作机制，建立互联互通的旅游交通、信息和服务网络，加强区域性客源互送，构建务实高效、互惠互利的区域旅游合作体。推动中国同东南亚、南亚、中亚、东北亚、中东欧的区域旅游合作。积极推动中非旅游合作。加强旅游双边合作，办好与相关国家的旅游年活动。大力拓展入境旅游市场，研究促进外国人入境过境旅游签证便利化措施，推动符合规定条件的对外开放口岸开展外国人签证业务，逐步优化完善外国人72小时过境免签政策，推动外国人72小时过境免签城市数量适当、布局合理
拓展旅游发展空间	积极发展休闲度假旅游，在城乡规划中要统筹考虑国民休闲度假需求，加强设施建设，完善服务功能，合理优化布局，营造居民休闲度假空间。大力发展乡村旅游，依托当地区位条件、资源特色和市场需求，挖掘文化内涵，发挥生态优势，突出乡村特点，开发一批形式多样、特色鲜明的乡村旅游产品。创新文化旅游产品，鼓励专业艺术院团与重点旅游目的地合作，打造特色鲜明、艺术水准高的专场剧目。大力发展红色旅游，规范整合会展活动，组织开展群众参与性强的文化旅游活动，规范发展主题公园。支持传统戏剧的排练演出场所、传统手工艺的传习场所和传统民俗活动场所建设。积极开展研学旅行，按照全面实施素质教育的要求，将研学旅行、夏令营、冬令营等作为青少年爱国主义和革命传统教育、国情教育的重要载体，纳入中小学生日常德育、美育、体育教育范畴，增进学生对自然和社会的认识，培养其社会责任感和实践能力。大力发展老年旅游，结合养老服务业、健康服务业发展，积极开发多层次、多样化的老年人休闲养生度假产品，旅游景区门票针对老年人的优惠措施要打破户籍限制。扩大旅游购物消费，实施中国旅游商品品牌建设工程，重视旅游纪念品创意设计，提升文化内涵和附加值，加强知识产权保护，培育体现地方特色的旅游商品品牌

优化旅游发展环境	完善旅游交通服务，保障旅游安全。加强旅游道路特别是桥梁、隧道等交通安全和食品安全监督检查，对客运索道、大型游乐设施等旅游场所特种设备定期开展安全检测。加强市场诚信建设，在社会诚信体系建设中，加快完善旅游相关企业和从业人员诚信记录。规范景区门票价格，公共资源建设的景区门票以及景区内另行收费的游览场所、交通工具等项目价格要实行政府定价或者政府指导价，体现公益性，严格控制价格上涨。所有景区都要在醒目位置公示门票价格、另行收费项目的价格及团体收费价格
完善旅游发展政策	切实落实职工带薪休假制度，推动机关、企事业单位加快落实职工带薪年休假制度，鼓励职工结合个人需要和工作实际分段灵活安排带薪年休假。在教学时间总量不变的情况下，高等学校可结合实际调整寒、暑假时间，中小学可按有关规定安排放春假，为职工落实带薪年休假创造条件。加强旅游基础设施建设，各级政府要重视旅游基础设施建设，中央政府要加大对中西部地区重点景区、乡村旅游、红色旅游、集中连片特困地区生态旅游等旅游基础设施和生态环境保护设施建设的支持力度，加大财政金融扶持。政府引导并推动设立旅游产业基金，加大对小型微型旅游企业和乡村旅游的信贷支持。优化土地利用政策，坚持节约集约用地，按照土地利用总体规划、城乡规划安排旅游用地的规模和布局，严格控制旅游设施建设占用耕地。加强人才队伍建设，实施“人才强旅、科教兴旅”战略，编制全国旅游人才中长期发展规划，优化人才发展的体制机制。大力发展旅游职业教育，建立完善旅游人才评价制度，培育职业经理人市场。推动导游管理体制改革，建立健全导游评价制度，落实导游薪酬和社会保险制度，逐步建立导游职级、服务质量与报酬相一致的激励机制

4.《国民旅游休闲纲要（2013—2020年）》的主要内容。

目的与制定依据	为满足人民群众日益增长的旅游休闲需求，促进旅游休闲产业健康发展，推进具有中国特色的国民旅游休闲体系建设，根据《国务院关于加快发展旅游业的意见》（国发〔2009〕41号），制定本纲要
指导思想	以邓小平理论、“三个代表”重要思想、科学发展观为指导，按照全面建成小康社会目标的总体要求，以满足人民群众日益增长的旅游休闲需求为出发点和落脚点，坚持以人为本、服务民生、安全第一、绿色消费，大力推广健康、文明、环保的旅游休闲理念，积极创造开展旅游休闲活动的便利条件，不断促进国民旅游休闲的规模扩大和品质提升，促进社会和谐，提高国民生活质量
发展目标	到2020年，职工带薪年休假制度基本得到落实，城乡居民旅游休闲消费水平大幅增长，健康、文明、环保的旅游休闲理念成为全社会的共识，国民旅游休闲质量显著提高，与小康社会相适应的现代国民旅游休闲体系基本建成

主要任务和措施	保障国民旅游休闲时间，改善国民旅游休闲环境，推进国民旅游休闲基础设施建设，加强国民旅游休闲产品开发与活动组织，完善国民旅游休闲公共服务，提升国民旅游休闲服务质量
组织实施	加强组织领导，加强规划指导，加大政策扶持力度，加强监督管理

5.《关于进一步促进旅游投资和消费的若干意见》的主要内容。

实施旅游基础设施提升计划，改善旅游消费环境	着力改善旅游消费软环境，建立健全旅游产品和服务质量标准，规范旅游经营服务行为，提升宾馆饭店、景点景区、旅行社等管理服务水平。大力整治旅游市场秩序，健全旅游投诉处理和服务质量监督机制，完善旅游市场主体退出机制。规范价格行为。大力弘扬文明旅游风尚。完善城市旅游咨询中心和集散中心，各地要根据实际需要，在3A级以上景区、重点乡村旅游区以及机场、车站、码头等建设旅游咨询中心，鼓励依托城市综合客运枢纽和道路客运站点建设布局合理、功能完善的游客集散中心。2020年前，实现重点旅游景区、旅游城市、旅游线路旅游咨询服务全覆盖。加强连通景区道路和停车场建设，加强中西部地区旅游支线机场建设。大力推进旅游厕所建设，到2017年实现全国旅游景区、旅游交通沿线、旅游集散地的旅游厕所全部达到数量充足、干净无味、实用免费、管理有效的要求
实施旅游投资促进计划，新辟旅游消费市场	加快自驾车房车营地建设，到2020年，鼓励引导社会资本建设自驾车房车营地1000个左右。推进邮轮旅游产业发展，到2020年，全国建成10个邮轮始发港。培育发展游艇旅游大众消费市场，到2017年，全国建成一批游艇码头和游艇泊位，初步形成互联互通的游艇休闲旅游线路网络，培育形成游艇大众消费市场。大力发展特色旅游城镇，推动新型城镇化建设与现代旅游产业发展有机结合，到2020年建设一批集观光、休闲、度假、养生、购物等功能于一体的全国特色旅游城镇和特色景观旅游名镇。大力开发休闲度假旅游产品，鼓励社会资本大力开发温泉、滑雪、滨海、海岛、山地、养生等休闲度假旅游产品。大力发展旅游装备制造业，鼓励发展邮轮游艇、大型游船、旅游房车、旅游小飞机、景区索道、大型游乐设施等旅游装备制造业，大力培育具有自主品牌的休闲、登山、滑雪、潜水、露营、探险等各类户外用品。积极发展“互联网+旅游”，到2020年，全国4A级以上景区和智慧乡村旅游试点单位实现免费Wi-Fi（无线局域网）、智能导游、电子讲解、在线预订、信息推送等功能全覆盖，在全国打造1万家智慧景区和智慧旅游乡村
实施旅游消费促进计划，培育新的消费热点	丰富提升特色旅游商品，积极发展老年旅游，支持研学旅行发展，积极发展中医药健康旅游

实施乡村旅游提升计划，开拓旅游消费空间	坚持乡村旅游个性化、特色化发展方向，注重保护民族村落、古村古镇，建设一批具有历史、地域、民族特点的特色景观旅游村镇，让游客看得见山水、记得住乡愁、留得住乡情。完善休闲农业和乡村旅游配套设施，重点加强休闲农业和乡村旅游特色村的道路、电力、饮水、厕所、停车场、垃圾污水处理设施、信息网络等基础设施和公共服务设施建设，加强相关旅游休闲配套设施建设。开展百万乡村旅游创客行动，通过加强政策引导和专业培训，3年内引导和支持百万名返乡农民工、大学毕业生、专业技术人员等通过开展乡村旅游实现自主创业。大力推进乡村旅游扶贫
优化休假安排，激发旅游消费需求	落实职工带薪休假制度，鼓励错峰休假，鼓励弹性作息。有条件的地方和单位可根据实际情况，依法优化调整夏季作息安排，为职工周五下午与周末结合外出休闲度假创造有利条件
加大改革创新力度，促进旅游投资消费持续增长	加大政府支持力度；落实差别化旅游业用地、用海、用岛政策；拓展旅游企业融资渠道

6. 我国旅游业“十三五”发展的指导思想、主要目标、规划指标、主要任务。

指导思想	高举中国特色社会主义伟大旗帜，全面贯彻党的十八大和十八届三中、四中、五中全会精神，以马克思列宁主义、毛泽东思想、邓小平理论、“三个代表”重要思想、科学发展观为指导，深入贯彻习近平总书记系列重要讲话精神，紧紧围绕“四个全面”战略布局和“五位一体”建设的总体布局，以全面贯彻落实创新、协调、绿色、开放、共享五大发展理念为主线，以“改革创新、提质增效”为主题，以推进供给侧结构性改革、“双加双创”为引擎，着力转变发展方式，着力优化市场环境，着力推动改革创新，着力实施扶贫攻坚，努力建成全面小康型旅游大国，为世界旅游强国建设奠定坚实基础，为实现中华民族伟大复兴的中国梦做出重要贡献
主要目标	“十三五”期间，旅游业发展要围绕“文明、有序、安全、便利、富民、强国”的总体目标，实现“四个翻番”和“六个优化”
规划指标	“四个翻番”：到2020年，全国城乡居民人均出游率、旅游消费总额、旅游投资总额、旅游就业总量等指标实现比2015年翻一番 “六个优化”：优化旅游发展模式、优化旅游供给体系、优化旅游市场体系、优化旅游服务体系、优化旅游创新体系、优化旅游发展方式

主要任务	创新驱动，着力增强旅游业发展新动能；协调推进，实施品牌驱动战略，构建旅游发展新产能；绿色崛起，着力提升旅游生态文明价值；开放带动，着力构建旅游开放合作新格局；共享发展，着力推动旅游普惠民生；规范提升，着力提高人民群众的满意度

《中华人民共和国旅游法》

★了解《中华人民共和国旅游法》（以下简称《旅游法》）的立法背景、框架。

★熟悉《旅游法》的立法目的、适用范围、发展原则等总则的内容；掌握《旅游法》的基本内容、主要法律制度及其相关法律责任。

1. 总则。

时间	通过：2013年4月25日 实施：2013年10月1日
内容	共10章，112条。包括旅游者、旅游规划和促进、旅游经营、旅游服务合同、旅游安全、旅游监督管理、旅游纠纷处理和法律责任等
立法背景	我国旅游市场不正当竞争问题比较严重，损害了旅游者和旅游经营者的合法权益，迫切需要制定旅游法明确一些基本法律规范和旅游合同特殊规定，建立和改进旅游与相关行业管理的协调机制；没有一部专门的旅游法，与我国世界旅游大国的地位身份已不匹配，世界上目前已有60多个国家和地区制定了旅游法律
立法目的	为保障旅游者和旅游经营者的合法权益，规范旅游市场秩序，保护和合理利用旅游资源，促进旅游业持续健康发展
适用范围	在中华人民共和国境内的和在中华人民共和国境内组织到境外的游览、度假、休闲等形式的旅游活动以及为旅游活动提供相关服务的经营活动
旅游发展原则	国家发展旅游事业，完善旅游公共服务，依法保护旅游者在旅游活动中的权利；旅游业发展应当遵循社会效益、经济效益和生态效益相统一的原则；国家鼓励各类市场主体在有效保护旅游资源的前提下，依法合理利用旅游资源。利用公共资源建设的游览场所应当体现公益性质
旅游方式	国家倡导健康、文明、环保的旅游方式，支持和鼓励各类社会机构开展旅游公益宣传，对促进旅游业发展做出突出贡献的单位和个人给予奖励

国家监管	国家建立健全旅游服务标准和市场规则，禁止行业垄断和地区垄断；国务院建立健全旅游综合协调机制，对旅游业发展进行综合协调

2. 旅游者。

权利	义务
旅游者有权自主选择旅游产品和服务，有权拒绝旅游经营者的强制交易行为	旅游者在旅游活动中应当遵守社会公共秩序和社会公德，尊重当地的风俗习惯、文化传统和宗教信仰，爱护旅游资源，保护生态环境，遵守旅游文明行为规范
旅游者有权知悉其购买的旅游产品和服务的真实情况	旅游者在旅游活动中或者在解决纠纷时，不得损害当地居民的合法权益，不得干扰他人的旅游活动，不得损害旅游经营者和旅游从业人员的合法权益
旅游者有权要求旅游经营者按照约定提供产品和服务	旅游者购买、接受旅游服务时，应当向旅游经营者如实告知与旅游活动相关的个人健康信息，遵守旅游活动中的安全警示规定
旅游者的人格尊严、民族风俗习惯和宗教信仰应当得到尊重	旅游者对国家应对重大突发事件暂时限制旅游活动的措施以及有关部门、机构或者旅游经营者采取的安全防范和应急处置措施，应当予以配合
残疾人、老年人、未成年人等旅游者在旅游活动中依照法律、法规和有关规定享受便利和优惠	旅游者违反安全警示规定，或者对国家应对重大突发事件暂时限制旅游活动的措施、安全防范和应急处置措施不予配合的，依法承担相应责任
旅游者在人身、财产安全遇有危险时，有请求救助和保护的权利	出境旅游者不得在境外非法滞留，随团出境的旅游者不得擅自分团、脱团
旅游者人身、财产受到侵害的，有依法获得赔偿的权利	入境旅游者不得在境内非法滞留，随团入境的旅游者不得擅自分团、脱团

3. 旅游规划和促进。

规划编制机构	国务院和县级以上地方人民政府应当将旅游业发展纳入国民经济和社会发展规划；国务院和省、自治区、直辖市人民政府以及旅游资源丰富的设区的市和县级人民政府，应当按照国民经济和社会发展规划的要求，组织编制旅游发展规划；对跨行政区域且适宜进行整体利用的旅游资源进行利用时，应当由上级人民政府组织编制或者由相关地方人民政府协商编制统一的旅游发展规划

旅游发展规划的内容		旅游业发展的总体要求和发展目标；旅游资源保护和利用的要求和措施；旅游产品开发；旅游服务质量提升；旅游文化建设；旅游形象推广；旅游基础设施和公共服务设施建设的要求和促进措施
旅游资源利用的原则		必须严格遵守有关法律、法规的规定；符合资源、生态保护和文物安全的要求；尊重和维护当地传统文化和习俗；维护资源的区域整体性、文化代表性和地域特殊性；考虑军事设施保护的需要
国家及各级政府	政策支持	应当制定并组织实施有利于旅游业持续健康发展的产业政策；推进旅游休闲体系建设；采取措施推动区域旅游合作；鼓励跨区域旅游线路和产品开发；促进旅游与工业、农业、商业、文化、卫生、体育、科教等领域的融合；扶持少数民族地区、革命老区、边远地区和贫困地区旅游业发展
	旅游形象推广	国家制定并实施旅游形象推广战略；国务院旅游主管部门统筹组织国家旅游形象的境外推广工作；建立旅游形象推广机构和网络，开展旅游国际合作与交流；县级以上地方人民政府统筹组织本地的旅游形象推广工作
	教育培训	国家鼓励和支持发展旅游职业教育和培训，提高旅游从业人员素质
旅游公共信息		国务院旅游主管部门和县级以上地方人民政府应当根据需要建立旅游公共信息和咨询平台，无偿向旅游者提供旅游景区、线路、交通、气象、住宿、安全、医疗急救等必要信息和咨询服务；设区的市和县级人民政府有关部门应当根据需要在交通枢纽、商业中心和旅游者集中场所设置旅游咨询中心，在景区和通往主要景区的道路设置旅游指示标识；旅游资源丰富的设区的市和县级人民政府可以根据本地的实际情况，建立旅游客运专线或者游客中转站，为旅游者在城市及周边旅游提供服务

4. 旅游经营者。

（1）景区。

景区开放条件	有必要的旅游配套服务和辅助设施；有必要的安全设施及制度，经过安全风险评估，满足安全条件；有必要的环境保护设施和生态保护措施；法律、行政法规规定的其他条件

景区门票价格管理	利用公共资源建设的景区的门票以及景区内的游览场所、交通工具等另行收费项目，实行政府定价或者政府指导价，严格控制价格上涨。拟收费或者提高价格的，应当举行听证会，征求旅游者、旅游经营者和有关方面的意见，论证其必要性、可行性。利用公共资源建设的景区，不得通过增加另行收费项目等方式变相涨价；另行收费项目已收回投资成本的，应当相应降低价格或者取消收费。公益性的城市公园、博物馆、纪念馆等，除重点文物保护单位和珍贵文物收藏单位外，应当逐步免费开放。景区应当在醒目位置公示门票价格、另行收费项目的价格及团体收费价格。景区提高门票价格应当提前6个月公布；将不同景区的门票或者同一景区内不同游览场所的门票合并出售的，合并后的价格不得高于各单项门票的价格之和，且旅游者有权选择购买其中的单项票；景区内的核心游览项目因故暂停向旅游者开放或者停止提供服务的，应当公示并相应减少收费
景区承载量管理	景区接待旅游者不得超过景区主管部门核定的最大承载量；景区应当公布景区主管部门核定的最大承载量，制定和实施旅游者流量控制方案，并可以采取门票预约等方式，对景区接待旅游者的数量进行控制；旅游者数量可能达到最大承载量时，景区应当提前公告并同时向当地人民政府报告，景区和当地人民政府应当及时采取疏导、分流等措施

法律责任：

违法行为	法律责任
景区不符合旅游法规定的开放条件而接待旅游者的	由景区主管部门责令停业整顿直至符合开放条件，并处2万元以上20万元以下罚款
景区在旅游者数量可能达到最大承载量时，未依照旅游法规定公告或者未向当地人民政府报告，未及时采取疏导、分流等措施，或者超过最大承载量接待旅游者的	由景区主管部门责令改正，情节严重的，责令停业整顿1个月至6个月

（2）其他经营者经营规则。

①经营高空、高速、水上、潜水、探险等高风险旅游项目，应当按照国家有关规定取得经营许可。

②为旅游者提供交通、住宿、餐饮、娱乐等服务的经营者，应当符合法律、法规规定的要求，按照合同约定履行义务。

③旅游经营者应当保证其提供的商品和服务符合保障人身、财产安全的要求。

④旅游经营者取得相关质量标准等级的，其设施和服务不得低于相应标准；未取得质量标准等级的，不得使用相关质量等级的称谓和标识。

⑤旅游经营者销售、购买商品或者服务，不得给予或者收受贿赂。

⑥旅游经营者对其在经营活动中知悉的旅游者个人信息，应当予以保密。

⑦从事道路旅游客运的经营者应当遵守道路客运安全管理的各项制度，并在车辆显著位置明示道路旅游客运专用标识，在车厢内显著位置公示经营者和驾驶人信息、道路运输管理机构监督电话等事项。

⑧景区、住宿经营者将其部分经营项目或者场地交由他人从事住宿、餐饮、购物、游览、娱乐、旅游交通等经营的，应当对实际经营者的经营行为给旅游者造成的损害承担连带责任。

⑨旅游经营者组织、接待出入境旅游，发现旅游者从事违法活动或者有违反本法第十六条规定情形的，应当及时向公安机关、旅游主管部门或者我国驻外机构报告。

⑩城镇和乡村居民利用自有住宅或者其他条件依法从事旅游经营，其管理办法由省、自治区、直辖市制定。

5. 旅游监督管理。

旅游监管机构	县级以上旅游局和有关部门依照旅游法和有关法律、法规的规定，在各自职责范围内对旅游市场实施监督管理；县级以上旅游局、有关主管部门和工商、产品质量监督、交通等执法部门对相关旅游经营行为实施监督检查
旅游监管限制	旅游主管部门履行监督管理职责，不得违反法律、行政法规的规定向监督管理对象收取费用；旅游主管部门及其工作人员不得参与任何形式的旅游经营活动
旅游监督检查范围	经营旅行社业务以及从事导游、领队服务是否取得经营、执业许可；旅行社的经营行为；导游和领队等旅游从业人员的服务行为；法律、法规规定的其他事项；旅游主管部门实施监督检查，可以对涉嫌违法的合同、票据、账簿以及其他资料进行查阅、复制

旅游监督检查规定	旅游主管部门和有关部门依法实施监督检查，其监督检查人员不得少于两人，并应当出示合法证件；对被检查单位的商业秘密和个人信息应当依法保密；对依法实施的监督检查，有关单位和个人应当配合，如实说明情况并提供文件、资料，不得拒绝、阻碍和隐瞒；发现违反本法行为的，应当及时处理；对不属于本部门职责范围的事项，应当及时书面通知并移交有关部门；建立旅游违法行为查处信息的共享机制，对需要跨部门、跨地区联合查处的违法行为，应当进行督办；及时向社会公布监督检查的情况

6. 旅游纠纷处理。

解决途径	双方协商；向消费者协会、旅游投诉受理机构或者有关调解组织申请调解；根据与旅游经营者达成的仲裁协议提请仲裁机构仲裁；向人民法院提起诉讼
共同投诉	旅游者与旅游经营者发生纠纷，旅游者一方人数众多并有共同请求的，可以推选代表人参加协商、调解、仲裁、诉讼活动

消费者权益保护法律制度

★熟悉《中华人民共和国消费者权益保护法》(以下简称《消费者权益保护法》)的基本原则、消费者及其权利、经营者的义务、消费者权益的保护。

1. 消费者：是指为生活消费需要，购买、使用商品或者接受服务的个人。

2.《消费者权益保护法》的适用范围：消费者生活消费；农民购买、使用直接用于生产的生产资料。

3.《消费者权益保护法》与其他法律、法规的关系：《消费者权益保护法》的规定优于其他法律、法规的地位。也就是说，本法及其他法律、法规都有规定的，适用本法；本法与其他法律、法规都有规定，但规定不一致时，适用本法;本法未作规定，其他法律、法规有规定的，适用其他法律、法规。

4.《消费者权益保护法》的基本原则。

(1)经营者与消费者交易的基本原则：自愿、平等、公平、诚实信用。

(2)国家保护消费者合法权益不受侵犯。

(3)全社会共同保护消费者合法权益的原则。

5. 消费者的权利与经营者的义务。

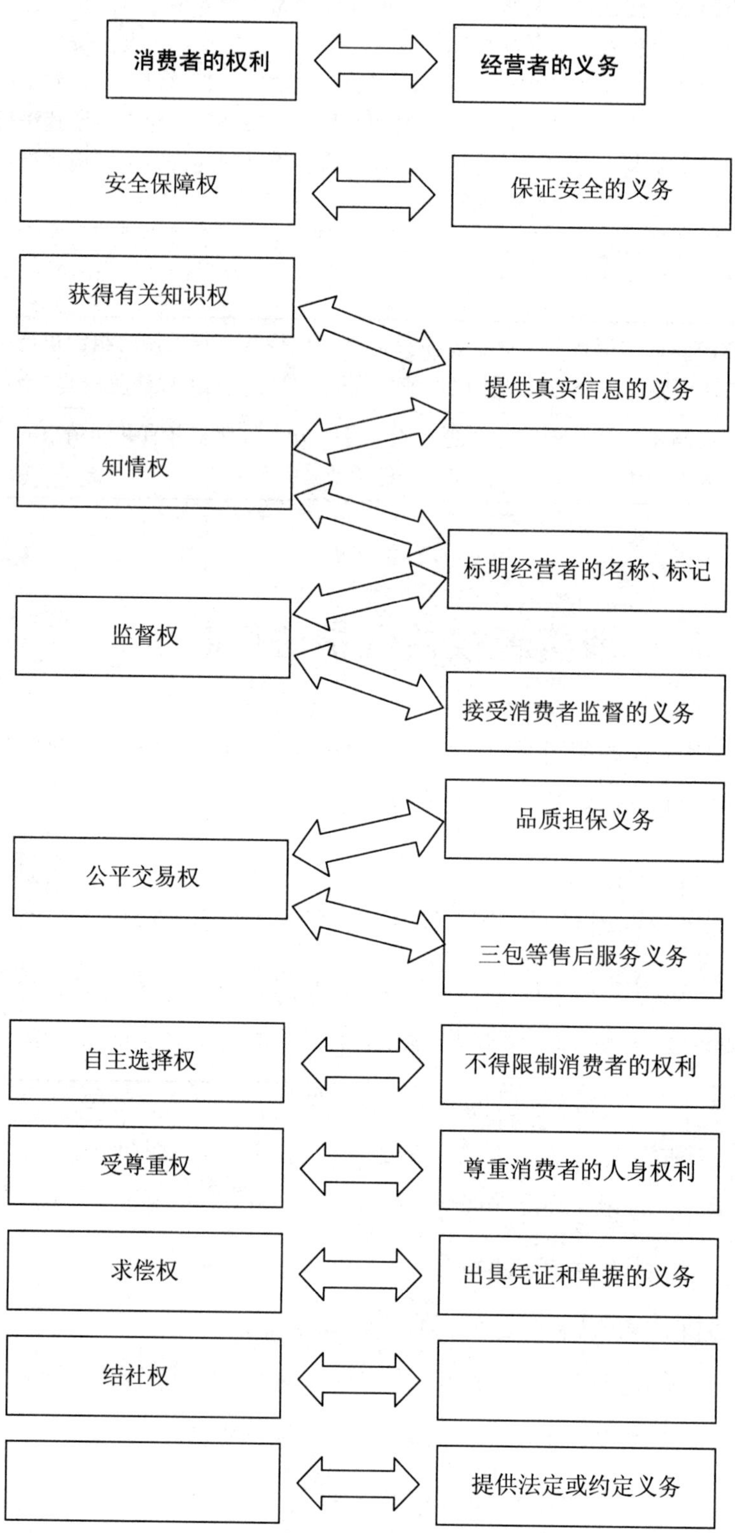

6. 国家对消费者合法权益的保护。

<table>
<tr><td>立法保护</td><td colspan="2">听取消费者和消费者协会等组织的意见</td></tr>
<tr><td rowspan="2">行政保护</td><td>各级政府</td><td>①加强领导，组织、协调、督促有关行政部门做好保护消费者合法权益的工作；②加强监督，预防危害消费者人身、财产安全行为的发生，及时制止危害消费者人身、财产安全的行为</td></tr>
<tr><td>有关行政部门</td><td>①在各自的职责范围内，采取措施，保护消费者的合法权益；②听取消费者和消费者协会等组织对经营者交易行为、商品和服务质量问题的意见，及时调查处理；③定期或者不定期对经营者提供的商品和服务进行抽查检验，并及时向社会公布抽查检验结果；④发现并认定经营者提供的商品或者服务存在缺陷，有危及人身、财产安全危险的，应当立即责令经营者采取停止销售、警示、召回、无害化处理、销毁、停止生产或者服务等措施</td></tr>
<tr><td>司法保护</td><td colspan="2">人民法院应当采取措施，方便消费者提起诉讼</td></tr>
</table>

7. 消费者组织。

概念	目前主要是指消费者协会和其他消费者组织。它们是依法成立的对商品和服务进行社会监督的，保护消费者合法权益的社会组织
公益职责	向消费者提供消费信息和咨询服务，提高消费者维权能力，引导正确的消费方式；参与制定有关法律；参与行政部门对商品和服务的监督、检查；就消费者合法权益的问题，向有关部门反映、查询，提出建议；受理消费者投诉，并对投诉事项进行调查、调解；可以就商品和服务质量的问题委托鉴定人鉴定；支持受损害的消费者提起诉讼；对损害消费者合法权益的行为，通过大众传播媒介予以揭露、批评
权利限制	不得从事商品经营活动和营利性服务；不得以收取费用或者其他牟取利益的方式向消费者推荐商品和服务

合同法律制度

★熟悉《中华人民共和国合同法》（以下简称《合同法》）的基本原则、合同的订立、形式、内容和履行、变更和解除、违约责任的承担等规定。

★掌握《旅游法》关于旅游服务合同的规定。

1. 合同法概述。

概念	指平等主体的自然人、法人、其他组织之间设立、变更、终止民事权利义务关系的协议
调整范围	调整平等主体之间的民事关系；主要调整法人、其他组织之间的经济贸易合同关系，同时还调整自然人之间的买卖、租赁、借贷、赠予等合同关系；不调整有关身份关系的协议，如婚姻、收养、监护等身份关系；其他法律对合同另有规定的，依照其规定，但仍适用《合同法》总则的规定；对无名合同，适用《合同法》总则的规定，并可参照《合同法》的分则
基本原则	自愿、平等原则；公平、诚实信用原则；守法、不得损害社会公共利益的原则；依法成立的合同对当事人具有法律约束力的原则

2. 合同的订立。

订立形式	书面、口头、其他	
主要条款	有关合同主体	当事人的名称或者姓名和住所
	有关合同客体	即合同的标的，分为物和行为两大类，具体包括如下四种：有形财产、无形财产、劳务、工作成果。旅游合同的标的一般是能满足旅游者需要的旅游服务行为
	有关合同内容	主要包括：数量，质量，价款或报酬，履行期限、地点和方式，违约责任，解决争议的方法等
订立方式	要约和承诺	

书面形式的具体表现：合同书、信件和数据电文（包括电报、电传、传真、电子数据交换和电子邮件）等。

3. 合同订立的方式：要约和承诺。

	要约	**承诺**
概念	希望和他人订立合同的意思表示	受要约人同意要约的意思表示

条件	要约必须是特定人的意思表示；受要约人一般是特定的，但在一些场合，要约人也可以向不特定人发出要约；要约的内容必须具有足以决定合同内容的主要条款，包括标的、数量、质量、价款或者报酬、履行期限、地点和方式等	必须由受要约人做出（如由代理人做出承诺，则代理人须有合法的委托手续）；必须向要约人做出；承诺的内容应当和要约的内容一致；必须在规定的期限内做出
方式		应当以通知的方式做出
生效时间	要约到达受要约人时生效。要约只要送到受要约人通常的地址、住所或者能控制的地方（如信箱）即为送达	承诺通知到达要约人时生效
撤回	要约生效前	承诺通知到达要约人之前或者与承诺通知同时到达要约人
撤销	要约生效后受要约人做出承诺之前	
失效	拒绝要约的通知到达要约人；要约人依法撤销要约；承诺期限届满，受要约人未做出承诺；受要约人对要约的内容做出实质性变更	

要约邀请的概念：要约邀请是希望他人向自己发出要约的意思表示。寄送的价目表、拍卖广告、招标公告、招股说明书等，都是要约邀请。

4. 格式条款。

概念	合同当事人为了重复使用而预先拟定，并在订立合同时未与对方协商的条款
好处	有利于降低交易成本
提供者的责任	遵循公平原则确定当事人之间的权利和义务；履行提示或者说明的义务
无效	一方以欺诈、胁迫的手段订立合同，损害国家利益；恶意串通，损害国家、集体或者第三人利益；以合法形式掩盖非法目的；损害社会公共利益；违反法律、行政法规的强制性规定；合同中的免责条款无效：造成对方人身伤害的；因故意或者重大过失造成对方财产损失的；提供格式条款一方当事人免除自己责任；加重对方责任；排除对方当事人主要权利的

解释	对格式条款的理解发生争议的，应当按照通常理解予以解释；对格式条款有两种解释的，应当做出不利于提供格式条款一方的解释
格式条款和非格式条款不一致时	采用非格式条款

5. 合同的效力。

<table>
<tr><th>生效条件</th><th>缺失后果</th><th colspan="3">具体内容</th></tr>
<tr><td>主体合法</td><td>效力待定合同</td><td colspan="3">限制民事行为能力人订立的合同，经过法定代理人追认后，该合同有效；行为人没有代理权、超越代理权或者代理权终止后以被代理人名义订立的合同，未经被代理人追认，对被代理人不发生法律效力，由行为人承担责任；无处分权的人处分他人财产，经权利人追认或者无处分权的人订立合同后取得处分权的，该合同有效</td></tr>
<tr><td rowspan="7">意思表示真实</td><td rowspan="7">可撤销合同</td><td rowspan="2">有撤销权的当事人</td><td>重大误解和显失公平</td><td>当事人任何一方</td></tr>
<tr><td>欺诈、胁迫或者乘人之危</td><td>受害方当事人</td></tr>
<tr><td>请求</td><td colspan="2">变更或撤销</td></tr>
<tr><td>请求时效</td><td colspan="2">一年内</td></tr>
<tr><td>撤销权</td><td colspan="2">人民法院或者仲裁机构</td></tr>
<tr><td>被撤销的合同</td><td colspan="2">同无效合同一样，自始没有法律约束力</td></tr>
<tr><td>法律责任</td><td colspan="2">返还财产、折价补偿、赔偿损失</td></tr>
<tr><td>不违反法律和社会公共利益</td><td>无效合同</td><td colspan="3">一方以欺诈、胁迫的手段订立合同，损害国家利益；恶意串通，损害国家、集体或者第三人利益；以合法形式掩盖非法目的；损害社会公共利益；违反法律、行政法规的强制性规定</td></tr>
</table>

6. 合同的履行。

（1）合同内容约定不明确时的履行规则。

<table>
<tr><td>达成补充协议时</td><td colspan="2">协议补充规则</td></tr>
<tr><td rowspan="6">达不成补充协议时</td><td>质量不明</td><td>国家标准→行业标准→特定标准</td></tr>
<tr><td>价金不明</td><td>按履行地的市场价格履行。依法应当执行政府定价或指导价的，按规定履行</td></tr>
<tr><td>履行地点不明</td><td>在履行义务的一方所在地履行</td></tr>
<tr><td>履行期限不明</td><td>债务人可以随时履行，债权人也可以随时要求履行，但应给债务人合理准备时间</td></tr>
<tr><td>履行方式不明</td><td>按有利于实现合同目的的方式履行</td></tr>
<tr><td>负担费用不明</td><td>由履行义务的一方承担</td></tr>
</table>

（2）执行政府定价或政府指导价的履行规则。

<table>
<tr><td>交付期内政府价格调整时</td><td colspan="2">按照交付的价格履行（新价格）</td></tr>
<tr><td rowspan="2">逾期交付标的物</td><td>价格上涨</td><td>按原价格履行</td></tr>
<tr><td>价格下降</td><td>按新价格履行</td></tr>
<tr><td rowspan="2">逾期提取标的物或逾期付款的</td><td>价格上涨</td><td>按新价格履行</td></tr>
<tr><td>价格下降</td><td>按原价格履行</td></tr>
</table>

7. 合同的抗辩权。

同时履行抗辩权	双务合同当事人应同时履行义务的，一方在对方未履行前，有拒绝对方请求自己履行合同的权利
后履行抗辩权	双务合同中应先履行义务的一方当事人未履行时，对方当事人有拒绝对方请求履行的权利
不安抗辩权	双务合同中应先履行义务的一方当事人，有证据证明对方当事人不能或可能不能履行合同义务时，在对方当事人未履行合同或就合同履行提供担保之前，有暂时中止履行合同的权利

8. 合同的保全。

（1）代位权：是指当债务人怠于行使其权利而危及债权人利益时，债权人为保全债权，可以自己的名义代位行使债务人权利的权利。代位权的适用对象是债务人的消极行为。

（2）撤销权：是指债权人对债务人实施的危及债权人利益的减少财产行为，可以请求人民法院予以撤销的权利。撤销权的适用对象是债务人的积极行为。撤销权时效：1 年。

9. 合同的变更与转让。

（1）合同的变更。

条件	时间	改变	不变
当事人协商一致	合同成立后没有履行或者没有完全履行时	内容、标的	主体

（2）合同的转让。

<table>
<tr><td rowspan="3">分类</td><td>债权让与</td><td>是合同权利的转让，要通知债务人。未经通知，该转让对债务人不发生效力</td></tr>
<tr><td>债务承担</td><td>是合同义务的转移，要经债权人同意</td></tr>
<tr><td>合同承受</td><td>是合同权利义务的一并转让</td></tr>
<tr><td>改变</td><td colspan="2">主体</td></tr>
<tr><td>不变</td><td colspan="2">内容、标的</td></tr>
</table>

10. 合同终止的情形。

（1）债务已经按照约定履行。

（2）合同解除。

（3）债务相互抵销。

（4）债务人依法将标的物提存。

（5）债权人免除债务。

（6）债权债务同归于一人。

（7）其他。

11. 违约责任的承担形式。

（1）继续履行。

（2）采取补救措施。

（3）赔偿损失。

（4）支付违约金。

（5）给付或者双倍返还定金。违约金和定金不能并用。

12. 不可抗力。

定义	不能预见，不能避免并不能克服的客观情况
法律责任	部分或全部免除责任，但当事人迟延履行义务遭遇不可抗力的不能免除违约责任
义务	通知义务；举证义务

13.《旅游法》中旅游服务合同的相关规定。

<table>
<tr><td>包价旅游服务合同概念</td><td colspan="2">指旅行社预先安排行程，提供或者通过履行辅助人提供交通、住宿、餐饮、游览、导游或者领队等两项以上旅游服务，旅游者以总价支付旅游费用的合同</td></tr>
<tr><td>形式</td><td colspan="2">书面形式。旅行社应当在旅游行程开始前向旅游者提供旅游行程单，旅游行程单是包价旅游合同的组成部分</td></tr>
<tr><td>合同内容</td><td colspan="2">旅行社、旅游者的基本信息；旅游行程安排；旅游团成团的最低人数；交通、住宿、餐饮等旅游服务安排和标准；游览、娱乐等项目的具体内容和时间；自由活动时间安排；旅游费用及其交纳的期限和方式；违约责任和解决纠纷的方式；法律、法规规定和双方约定的其他事项。订立包价旅游合同时，旅行社应当向旅游者详细说明前款第二项至第八项所载内容</td></tr>
<tr><td rowspan="3">合同订立</td><td>载明基本信息</td><td>委托社、代理社、地接社、导游服务费用</td></tr>
<tr><td>提示</td><td>参加团队旅游的旅游者按照规定投保人身意外伤害保险</td></tr>
<tr><td>向旅游者告知</td><td>旅游者不适合参加旅游活动的情形；旅游活动中的安全注意事项；旅行社依法可以减免责任的信息；旅游者应当注意的旅游目的地相关法律、法规和风俗习惯、宗教禁忌，依照中国法律不宜参加的活动等；法律、法规规定的其他应当告知的事项</td></tr>
</table>

<table>
<tr><td rowspan="6">包价旅游合同的解除</td><td rowspan="5">组团社解除</td><td rowspan="3">因未达到约定人数不能出团</td><td rowspan="2">解除条件</td><td>旅游者不同意委托其他旅行社履行合同的</td></tr>
<tr><td>境内旅游应当至少提前7日通知旅游者，出境旅游应当至少提前30日通知旅游者</td></tr>
<tr><td>解除后果</td><td>组团社应当向旅游者退还已收取的全部费用</td></tr>
<tr><td rowspan="2">旅游者有下列情形之一的</td><td colspan="2">情形：患有传染病等疾病，可能危害其他旅游者健康和安全的；携带危害公共安全的物品且不同意交有关部门处理的；从事违法或者违反社会公德的活动的；从事严重影响其他旅游者权益的活动，且不听劝阻、不能制止的；法律规定的其他情形</td></tr>
<tr><td colspan="2">解除后果：组团社应当在扣除必要的费用后，将余款退还旅游者；给旅行社造成损失的，旅游者应当依法承担赔偿责任</td></tr>
<tr><td>旅游者解除</td><td colspan="3">旅游行程结束前，旅游者解除合同的，组团社应当在扣除必要的费用后，将余款退还旅游者</td></tr>
<tr><td>包价旅游合同的转让</td><td colspan="4">旅游行程开始前，旅游者可以将包价旅游合同中自身的权利义务转让给第三人，旅行社没有正当理由的不得拒绝，因此增加的费用由旅游者和第三人承担</td></tr>
<tr><td rowspan="4">因不可抗力影响行程的处理</td><td colspan="2">合同不能继续履行的</td><td colspan="2">旅行社和旅游者均可以解除合同。合同不能完全履行的，旅行社经向旅游者做出说明，可以在合理范围内变更合同；旅游者不同意变更的，可以解除合同</td></tr>
<tr><td colspan="2">合同解除或变更的后果</td><td colspan="2">组团社应当在扣除已向地接社或者履行辅助人支付且不可退还的费用后，将余款退还旅游者；合同变更的，因此增加的费用由旅游者承担，减少的费用退还旅游者</td></tr>
<tr><td colspan="2">危及旅游者人身、财产安全的</td><td colspan="2">旅行社应当采取相应的安全措施，因此支出的费用，由旅行社与旅游者分担</td></tr>
<tr><td colspan="2">造成旅游者滞留的</td><td colspan="2">旅行社应当采取相应的安置措施。因此增加的食宿费用，由旅游者承担；增加的返程费用，由旅行社与旅游者分担</td></tr>
<tr><td>委托接待业务的条件</td><td colspan="4">经旅游者同意；具有相应资质的地接社；与地接社订立书面委托合同，约定双方的权利和义务；向地接社提供与旅游者订立的包价旅游合同的副本，并向地接社支付不低于接待和服务成本的费用；地接社应当按照包价旅游合同和委托合同提供服务</td></tr>
</table>

旅行社违约责任	旅行社具备履行条件，经旅游者要求仍拒绝履行合同，造成旅游者人身损害、滞留等严重后果的，旅游者还可以要求旅行社支付旅游费用1倍以上3倍以下的赔偿金
	旅游者自行安排活动期间，旅行社未尽到安全提示、救助义务的，应当对旅游者的人身损害、财产损失承担相应责任
	由于地接社、履行辅助人的原因导致违约的，由组团社承担责任；组团社承担责任后可以向地接社、履行辅助人追偿
	由于地接社、履行辅助人的原因造成旅游者人身损害、财产损失的，旅游者可以要求地接社、履行辅助人承担赔偿责任，也可以要求组团社承担赔偿责任；组团社承担责任后可以向地接社、履行辅助人追偿。但是，由于公共交通经营者的原因造成旅游者人身损害、财产损失的，由公共交通经营者依法承担赔偿责任，旅行社应当协助旅游者向公共交通经营者索赔
	旅行社接受旅游者的委托，为其代订交通、住宿、餐饮、游览、娱乐等旅游服务，收取代办费用的，应当亲自处理委托事务。因旅行社的过错给旅游者造成损失的，旅行社应当承担赔偿责任
免责条款	由于旅游者自身原因导致包价旅游合同不能履行或者不能按照约定履行，或者造成旅游者人身损害、财产损失的，旅行社不承担责任
旅游者的责任	旅游者在旅游活动中或者在解决纠纷时，损害旅行社、履行辅助人、旅游从业人员或者其他旅游者的合法权益的，依法承担赔偿责任
	旅游者有解除合同的情形，给旅行社造成损失的，旅游者应当依法承担赔偿责任

旅行社管理法规制度

★熟悉和掌握《旅游法》《旅行社条例》《旅行社条例实施细则》中关于旅行社设立、经营范围、经营原则、经营规范、旅行社的权利义务等法律制度及其相关法律责任的规定。

★了解《中国公民出国旅游管理办法》的主要法律制度。

1. 旅行社的概念：旅行社是指从事招徕、组织、接待旅游者等活动，为旅游者提供相关旅游服务，开展国内旅游业务、入境旅游业务或者出境旅游业务的企业法人。

2. 旅行社的法律特征。

（1）是依法设立的企业法人。

（2）是以营利为目的的企业。

（3）是从事旅游业务的企业。

3. 旅行社的分类。

标准	分类
出资主体的国籍	中资旅行社和外商投资旅行社
组织形式	公司制和非公司制
业务经营范围	一般旅行社和出境游组团社
旅游服务过程中的职责和分工	组团社和地接社

4. 旅行社的业务范围：境内旅游、出境旅游、边境旅游、入境旅游、其他旅游业务。旅行社经营出境旅游、边境旅游业务的，应当取得相应业务经营许可。

5. 旅行社的设立条件：有固定的经营场所，有必要的营业设施，有符合规定的注册资本，有必要的经营管理人员和导游，法律、行政法规规定的其他条件。

6. 旅行社的设立程序及法律责任。

（1）设立程序。

旅行社内容	审批部门及程序	审批期限	颁发证件	业务范围
一般社	工商局		营业执照	国内游、入境游
	省级或市级旅游局	20个工作日	业务经营许可证	
出境游组团社	工商局		换发营业执照	国内游、入境游、出境游
	国家或省级旅游局	20个工作日	换发许可证	
外商投资旅行社	工商局		营业执照	国内游、入境游、试点出境游
	省级旅游局	30个工作日	业务经营许可证	

（2）旅行社经营出境旅游业务的条件：旅行社取得经营许可满两年，未因侵害旅游者合法权益受到行政机关罚款以上处罚。

（3）《旅游法》规定，通过网络经营旅行社业务的，应当依法取得旅行社业务经营许可，并在其网站主页的显著位置标明其业务经营许可证信息。发布旅游经营信息的网站，应当保证其信息真实、准确。

（4）违反《旅游法》相关规定的法律责任。

<table>
<tr><th>违法行为</th><th>法律责任</th></tr>
<tr><td>未经许可经营旅行社业务</td><td>由旅游主管部门或者工商行政管理部门责令改正，没收违法所得，并处1万元以上10万元以下罚款；违法所得10万元以上的，并处违法所得1倍以上5倍以下罚款；对有关责任人员，处2000元以上2万元以下罚款</td></tr>
<tr><td>未经许可经营出境旅游、边境旅游业务</td><td rowspan="3">由旅游主管部门或者工商行政管理部门责令改正，没收违法所得，并处1万元以上10万元以下罚款；违法所得10万元以上的，并处违法所得1倍以上5倍以下罚款；对有关责任人员，处2000元以上2万元以下罚款；并责令停业整顿；情节严重的，吊销旅行社业务经营许可证；对直接负责的主管人员，处2000元以上2万元以下罚款</td></tr>
<tr><td>出租、出借旅行社业务经营许可证</td></tr>
<tr><td>以其他方式非法转让旅行社业务经营许可证</td></tr>
</table>

7. 旅行社的分支机构。

类别 内容	法人资格	条件	设立程序	业务	管理
分社	无	国内游、入境游 5 万元质量保证金；出境游 30万元质量保证金	《营业执照》《分社备案登记证明》	不得超出其设立社	统一人事、财务、招徕、接待
服务网点	无		《营业执照》《服务网点备案登记证明》	招徕、咨询	统一管理、财务、招徕、咨询

8. 旅行社的变更。

（1）变更事项:包括经营范围、登记注册地、组织形式、名称、法定代表人、出资人、营业场所等事项的变更。

（2）变更程序：旅行社在经营过程中变更上述事项或者终止经营，应向原登记注册地工商行政管理部门办理变更登记或者注销登记，并在登记办理完毕之日起 10 个工作日内，向原许可的旅游行政管理部门备案，换领或者交回旅行社业务经营许可证。

（3）法律责任。

违规行为	法律责任
变更名称、经营场所、法定代表人等登记事项或者终止经营，未在规定期限内向原许可的旅游行政管理部门备案，换领或者交回旅行社业务经营许可证的	由旅游行政管理部门责令改正；拒不改正的，处1万元以下的罚款
设立分社未在规定期限内向分社所在地旅游行政管理部门备案的	
不按照国家有关规定向旅游行政管理部门报送经营和财务信息等统计资料的	
擅自引进外商投资、设立服务网点未在规定期限内备案，或者旅行社及其分社、服务网点未悬挂旅行社业务经营许可证、备案登记证明的	

9. 旅行社业务经营许可证制度。

（1）许可证的分类及用途。

分类	用途
正本	与旅行社的营业执照一起悬挂在经营场所的显要位置，接受旅游消费者与其他旅游经营者的监督
副本	用于旅游行政管理部门年检和备查

（2）许可证的换发和补发：有损毁或遗失或旅行社若变更经营范围或名称。

（3）许可证的吊销。

若违反《旅行社条例》及其实施细则的规定，情节严重的，由旅游行政管理部门吊销其许可证。吊销旅行社业务经营许可证的行政处罚，由原许可的省级以上旅游行政管理部门做出。

旅行社被吊销许可证的，由做出处理决定的旅游行政管理部门通知工商行政管理部门吊销其营业执照。

按《旅游法》规定被吊销许可证的，旅行社的有关管理人员自处罚之日起未逾 3 年的不得从事旅行社业务。

10. 旅游服务质量保证金的管理。

<table>
<tr><td>原则</td><td colspan="3">统一制度，统一标准，分级管理</td></tr>
<tr><td>缴存时间</td><td colspan="3">自取得旅行社业务经营许可证之日起3个工作日内</td></tr>
<tr><td>缴纳方法</td><td colspan="3">在指定的银行开设专门的存期不少于1年的质量保证金账户，存入质量保证金，或者提交额度不低于相应质量保证金数额的银行担保。银行担保期限不得少于1年，担保期届满前3个工作日，应续办担保手续</td></tr>
<tr><td rowspan="4">缴存数额</td><td colspan="2">国内游、入境游</td><td>20万元</td></tr>
<tr><td colspan="2">出境游</td><td>增存120万元</td></tr>
<tr><td rowspan="2">每设立一个分社</td><td>国内游、入境游</td><td>增存5万元</td></tr>
<tr><td>出境游</td><td>增存30万元</td></tr>
<tr><td>减交</td><td colspan="3">自交纳或者补足质量保证金之日起3年内未因侵害旅游者合法权益受到行政机关罚款以上处罚的，旅游行政管理部门应当将质量保证金的交存数额降低50%</td></tr>
<tr><td>补缴时间</td><td colspan="3">在收到旅游行政管理部门补交质量保证金的通知之日起5个工作日内</td></tr>
<tr><td>法律责任</td><td colspan="3">旅行社未在规定期限内向其保证金账户存入、增存、补足保证金或者提交相应的银行担保的，由旅游行政管理部门责令改正；拒不改正的，吊销旅行社业务经营许可证</td></tr>
<tr><td>权属</td><td colspan="3">保证金和产生的利息收入全部归旅行社所有</td></tr>
</table>

11. 旅游服务质量保证金的使用主体及使用范围。

使用主体	使用范围
旅游行政管理部门	旅行社违反旅游合同约定，侵害旅游者合法权益；旅行社因解散、破产或者其他原因造成旅游者预交旅游费用损失的；垫付旅游者人身安全遇有危险时紧急救助
人民法院	人民法院判决、裁定及其他生效法律文书认定旅行社损害旅游者合法权益，旅行社拒绝或者无力赔偿的

12. 旅游服务质量保证金的赔偿标准。

（1）因为旅行社原因不能成行，应提前通知旅游者，否则应向旅游者全额退还预付旅游费用，并按下述标准向旅游者支付违约金。

①国内旅游应提前 7 日（不含 7 日）。

时间	违约金
出发前7日（含7日）至4日	旅游费用总额10%
出发前3日至1日	旅游费用总额15%
出发当日	旅游费用总额20%

②出境旅游（含赴台游）应提前 30 日（不含 30 日）。

时间	违约金
出发前30日至15日	旅游费用总额2%
出发前14日至7日	旅游费用总额5%
出发前6日至4日	旅游费用总额10%
出发前3日至1日	旅游费用总额15%
出发当日	旅游费用总额20%

（2）旅行社违规行为赔偿标准。

违规行为	赔偿标准
擅自转团、拼团	旅游费用总额25%的违约金，未随团出行，全额退还预付费，已随团出行，退还未发生费用
同一旅游行程中，区别对待增收费用	返还增收的费用
旅行社原因，未能乘坐预定公共交通工具	直接经济损失＋直接经济损失20%的违约金
旅行社服务档次与合同不符	合同金额与实际花费的差额＋同额违约金
导游或领队服务不达标准	旅游费用总额1%至5%的违约金
旅行社中止服务	被中止旅游服务期间合同级别的吃、住、行等必要费用＋旅游费用总额30%的违约金

（3）旅行社及导游或领队违约行为赔偿标准。

违约行为		赔偿标准
少	缩短时间、遗漏景点、减少项目	未完成项目合理费用＋同额违约金
	遗漏无门票景点	旅游费用总额5%/处
多	擅自安排合同外付费项目	旅行社承担

购物	增加次数、延长时间	旅游费用总额10%/次
	强迫	旅游费用总额20%/次
	假冒伪劣商品	挽回或赔偿直接经济损失
私自兜售商品		全额退还旅游者购物价款

13. 旅行社监督检查制度。

监督检查机关	县级以上人民政府的旅游、工商、价格、商务、外汇等有关部门
监督检查方式	实地检查和书面审阅
监督检查内容	旅游合同、服务质量、旅游安全、财务账簿等情况
监督检查事项（《旅游法》规定）	①经营旅行社业务以及从事导游、领队服务是否取得经营、执业许可；②旅行社的经营行为；③导游和领队等旅游从业人员的服务行为；④法律、法规规定的其他事项
监督检查公告	旅行社业务经营许可证的颁发、变更、注销、吊销情况，旅行社的违法经营行为以及旅行社的诚信记录、旅游者投诉信息等

14. 旅行社公告制度。

概念	范围
指旅游行政管理部门通过向社会发布告知的方式，对其审批设立的旅行社进行行业监督和管理的制度	开业公告、变更名称公告、变更经营范围公告、注销许可证公告、质量保证金管理公告、业务年检公告、停业公告、复业公告、违规通报及吊销许可证公告等

15. 旅行社员工管理制度。

《旅游法》规定，旅行社应当与其聘用的导游依法订立劳动合同，支付劳动报酬，缴纳社会保险费用。

16. 旅行社档案管理。

管理制度	违规法律责任
合同及文件、资料的保存期，应当不少于两年	责令改正，没收违法所得，处违法所得3倍以下但最高不超过3万元的罚款；没有违法所得的，处1万元以下的罚款
不得向其他经营者或者个人，泄露旅游者因签订旅游合同提供的个人信息	

17. 旅行社经营原则。

旅行社参与旅游市场的竞争应遵循自愿原则，平等原则，公平原则，诚实信用原则，提高服务质量、维护旅游者的合法权益原则。

18. 旅行社的经营规则。

（1）严禁超范围经营。

①未经批准擅自经营或者以商务、考察、培训等方式变相经营出境旅游、赴台旅游和边境旅游业务。

②分社的经营范围超出设立分社的旅行社的经营范围，旅行社服务网点从事招徕、咨询以外的经营活动，旅行社设立的办事处、代表处或者联络处等办事机构从事旅行社业务经营活动。

③外商投资旅行社未经批准擅自经营中国内地居民出国旅游业务以及赴港、澳、台地区旅游业务。

④出境游组团社组织旅游者到国家旅游局公布的中国公民出境旅游目的地之外的国家和地区旅游。

⑤国家旅游局认定的其他超范围经营活动。

（2）严禁以低于旅游成本的报价招徕旅游者。

旅行社不得要求导游人员和领队人员接待不支付接待和服务费用或者支付的费用低于接待和服务成本的旅游团队；不得要求导游人员和领队人员承担接待旅游团队的相关费用。

业务委托，应当向接受委托的旅行社支付不低于接待和服务成本的费用；受委托的旅行社不得接待不支付或者不足额支付接待和服务费用的旅游团队。

《旅游法》中的相关规定。

违法行为	旅游者权利	法律责任
以不合理的低价组织旅游活动，诱骗旅游者，并通过安排购物或者另行付费旅游项目获取回扣等不正当利益	在旅游行程结束后30日内，要求旅行社为其办理退货并先行垫付退货货款，或者退还另行付费旅游项目的费用	由旅游主管部门责令改正，没收违法所得，责令停业整顿，并处3万元以上30万元以下罚款；违法所得30万元以上的，并处违法所得1倍以上5倍以下罚款；情节严重的，吊销旅行社业务经营许可证；对直接负责的主管人员和其他直接责任人员，没收违法所得，处2000元以上2万元以下罚款，并暂扣或者吊销导游证、领队证
指定具体购物场所，安排另行付费旅游项目。但是，经双方协商一致或者旅游者要求，且不影响其他旅游者行程安排的除外		

（3）不得介绍和安排含有违法内容的旅游项目。

违规旅游项目：含有损害国家利益和民族尊严内容的；含有民族、种族、宗教、性别歧视内容的；含有淫秽、迷信、赌博内容的；含有其他被法律、法规禁止内容的。

《旅游法》中的相关规定。

违法行为	法律责任
旅行社及其从业人员组织、接待旅游者，安排参观或者参与违反我国法律、法规和社会公德的项目或者活动	由旅游主管部门责令改正，没收违法所得，责令停业整顿，并处2万元以上20万元以下罚款；情节严重的，吊销旅行社业务经营许可证；对直接负责的主管人员和其他直接责任人员，处2000元以上2万元以下罚款，并暂扣或者吊销导游证、领队证

（4）应投保旅行社责任保险。

《旅游法》中的相关规定。

违法行为	法律责任
未按照规定投保旅行社责任保险的	由旅游主管部门或者有关部门责令改正，没收违法所得，并处5000元以上5万元以下罚款；违法所得5万元以上的，并处违法所得1倍以上5倍以下罚款；情节严重的，责令停业整顿或者吊销旅行社业务经营许可证；对直接负责的主管人员和其他直接责任人员，处2000元以上2万元以下罚款
进行虚假宣传，误导旅游者的	
向不合格的供应商订购产品和服务的	

（5）业务往来应选择合格经营者并签订合同。

（6）为旅游者提供服务，应与旅游者签订旅游合同。

（7）出境旅游应安排领队。

《旅游法》中的相关规定。

违法行为	法律责任
未按照规定为出境或者入境团队旅游安排领队或者导游全程陪同的	由旅游主管部门责令改正，没收违法所得，并处5000元以上5万元以下罚款；情节严重的，责令停业整顿或者吊销旅行社业务经营许可证；对直接负责的主管人员和其他直接责任人员，处2000元以上2万元以下罚款
安排未取得导游证或者领队证的人员提供导游或者领队服务的	
未向临时聘用的导游支付导游服务费用的	
要求导游垫付或者向导游收取费用的	

（8）发生非法滞留时及时处理。

《旅游法》规定：出境旅游者不得在境外非法滞留，随团出境的旅游者不得擅自分团、脱团。旅游经营者组织、接待出入境旅游，发现旅游者从事违法活动或者非法滞留情形的，应当及时向公安机关、旅游主管部门或者我国驻外机构报告。

滞留人	报告者	报告对象	法律责任（《旅游法》规定）
中国人	领队	组团旅行社、中国驻当地使领馆	由旅游主管部门处5000元以上5万元以下罚款；情节严重的，责令停业整顿或者吊销旅行社业务经营许可证；对直接负责的主管人员和其他直接责任人员，处2000元以上2万元以下罚款，并暂扣或者吊销导游证、领队证
	组团旅行社	县级以上旅游和公安机关	
外国人	组团旅行社	县级以上旅游和公安、外事管理部门	

（9）公布旅行社基本情况。

违规行为	法律责任
旅行社及其分社、服务网点未悬挂旅行社业务经营许可证、备案登记证明	责令改正；拒不改正的，处1万元以下的罚款

19. 旅行社的权利。

（1）要求旅游者如实提供旅游所必需的个人信息，按时提交相关证明文件。

（2）旅游行程开始前，当发生约定的解除旅游合同的情形时，经征得旅游者的同意，旅行社可以将旅游者推荐给其他旅行社组织、接待，并由旅游者与被推荐的旅行社签订旅游合同；未经旅游者同意的，旅行社不得将旅游者转交给其他旅行社组织、接待。

（3）要求旅游者遵守旅游合同约定的旅游行程安排，妥善保管随身物品。

（4）出现突发公共事件或者其他危急情形，以及旅行社因违反旅游合同约定采取补救措施时，要求旅游者配合处理防止扩大损失，以将损失降低到最低程度。

（5）拒绝旅游者提出的超出旅游合同约定的不合理要求。

（6）制止旅游者违背旅游目的地的法律、风俗习惯的言行。

20. 旅行社的义务。

（1）提供真实信息的义务。

《旅游法》规定：旅行社为招徕、组织旅游者发布信息，必须真实、准确，不得进行虚假宣传，误导旅游者。

（2）提供约定服务的义务。

<table>
<tr><th>违法行为</th><th>法律责任</th></tr>
<tr><td>在旅游行程中擅自变更旅游行程安排，严重损害旅游者权益的</td><td rowspan="3">由旅游主管部门责令改正，处3万元以上30万元以下罚款，并责令停业整顿；造成旅游者滞留等严重后果的，吊销旅行社业务经营许可证；对直接负责的主管人员和其他直接责任人员，处2000元以上2万元以下罚款，并暂扣或者吊销导游证、领队证</td></tr>
<tr><td>拒绝履行合同的</td></tr>
<tr><td>未征得旅游者书面同意，委托其他旅行社履行包价旅游合同的</td></tr>
</table>

（3）保障旅游者人身和财物安全的义务。

违规行为	法律责任
发生危及旅游者人身安全的情形，未采取必要的处置措施并及时报告的	责令改正，对旅行社处2万元以上10万元以下的罚款；对导游人员、领队人员处4000元以上2万元以下的罚款；情节严重的，责令旅行社停业整顿1个月至3个月，或者吊销旅行社业务经营许可证、导游证、领队证

（4）尊重旅游者人格尊严的义务。

（5）出具服务单据的义务。

20.《中国公民出国旅游管理办法》的主要内容。

（1）出国旅游经营权审批制度。

<table>
<tr><th>经营出国旅游的条件</th><th colspan="3">出国旅游业务的审批</th></tr>
<tr><td rowspan="3">旅行社取得经营许可满2年；且未因侵害旅游者合法权益受到行政机关罚款以上处罚</td><td>审批部门</td><td>审批期限</td><td>颁发证件</td></tr>
<tr><td>国家或省级旅游局</td><td>20个工作日</td><td>换发许可证</td></tr>
<tr><td>工商局</td><td></td><td>变更登记（营业执照）</td></tr>
</table>

（2）出国旅游目的地审批制度。

出国旅游的目的地国家，由国务院旅游行政部门会同国务院有关部门提出，报国务院批准后，由国务院旅游行政部门公布。

（3）出国旅游人数总量控制。

每年由国家旅游局确定本年度出国游总人数，按一定依据把名额分配到各省、自治区、直辖市旅游局，再由省局分配给组团社。具体如下：

<table>
<tr><th>控制机关</th><th>国家旅游局</th><th>省级旅游局</th></tr>
<tr><td>分配时间</td><td>每年的2月底以前</td><td>每年的3月底以前</td></tr>
<tr><td rowspan="3">分配依据</td><td>上年度全国入境旅游的业绩</td><td rowspan="3">本行政区域内各组团社上年度经营入境旅游的业绩、经营能力、服务质量，按照公平、公正、公开的原则</td></tr>
<tr><td>出国旅游目的地的增加情况</td></tr>
<tr><td>出国旅游的发展趋势</td></tr>
</table>

（4）中国公民出国旅游团队名单表。

国务院旅游行政部门统一印制《中国公民出国旅游团队名单表》（以下简称《名单表》），随本年度出国游人数分配核发给组团社。

《名单表》一式四联，分为出境边防检查专用联、入境边防检查专用联、旅游行政部门审验专用联、旅行社自留专用联。

（5）出国旅游组团社、领队及旅游者的义务。

组团社	办理前往国签证等出境手续；安排专职、合格领队；维护旅游者的合法权益；与旅游者订立书面旅游合同；按照旅游合同约定的条件，为旅游者提供服务；保障旅游者人身、财产安全；选择在目的地国家依法设立并具有良好信誉的旅行社，并与之订立书面合同后，方可委托其承担接待工作；要求境外接待社按照约定的团队活动计划安排旅游活动，并要求其不得组织旅游者参与涉及色情、赌博、毒品内容的活动或危险性活动，不得擅自改变行程、减少旅游项目，不得强迫或变相强迫旅游者参加额外付费项目；境外接待社违反组团社及其旅游团队领队根据前款规定提出的要求时，组团社及其领队应当予以制止
领队	领队应当向旅游者介绍旅游目的地国家的相关法律、风俗习惯以及其他有关注意事项，并尊重旅游者的人格尊严、宗教信仰、民族风俗和生活习惯；领队在带领旅游者旅行、游览过程中，应当就可能危及旅游者人身安全的情况，向旅游者做出真实说明和明确警示，并按照组团社的要求采取有效措施，防止危害的发生；旅游团队在境外遇到特殊困难和安全问题时，领队应当及时向组团社和中国驻所在国家使领馆报告；组团社应当及时向旅游行政管理部门和公安机关报告；旅游团队领队不得与境外接待社、导游及为旅游者提供商品或服务的其他经营者串通欺骗、胁迫旅游者消费，不得向境外接待社、导游及其他为旅游者提供商品或服务的经营者索要回扣、提成或者收受其财物

旅游者	旅游者应当遵守旅游目的地国家的法律、尊重当地的风俗习惯，并服从领队的统一管理。严禁旅游者在境外滞留不归，滞留不归的，旅游团队领队应当及时向组团社和中国驻所在国家使领馆报告，组团社应当及时向我国公安机关和旅游行政管理部门报告。有关部门处理相关事宜时，组团社有义务予以协助

导游人员管理法规制度

★熟悉和掌握《旅游法》《导游人员管理条例》《导游人员管理实施办法》关于导游人员的资格考试制度、执业证书制度、计分管理制度、年审管理制度，等级考核制度的内容和执业行为规范，导游人员的权利和义务及其相关法律责任。

★熟悉和掌握《旅游法》《出境旅游领队人员管理办法》关于领队人员职责、义务及其相关法律责任的规定。

★了解和熟悉《导游领队引导文明旅游规范》关于引导的主要内容和具体规范的规定。

1. 导游人员的概念：依照《导游人员管理条例》的规定取得导游证，接受旅行社委派，为旅游者提供向导、讲解及相关旅游服务的人员。

2. 导游人员的类别。

（1）按业务范围划分：海外领队、全陪、地陪、定点导游。

（2）按语种语言划分：中文导游员和外语导游员。

（3）按技术等级划分：初级导游员、中级导游员、高级导游员和特级导游员。

3. 导游人员相关证件申报条件。

导游人员资格证书		中国国籍；高中、中专或以上学历；身体健康；必须具有适应导游需要的基本知识和语言表达能力
导游证	正式	参加导游人员资格考试成绩合格，与旅行社订立劳动合同或在相关旅游行业组织注册
	临时	具有某种特定语种语言能力；旅行社需要聘请其临时从事导游活动
领队证		取得导游证，具有相应的学历、语言能力和旅游从业经历，并与旅行社订立劳动合同

4. 导游人员资格证书、导游证、领队证比较。

<table>
<tr><th colspan="2">证件
内容</th><th>申请人</th><th>颁证机构</th><th>颁证期限</th><th>有效期</th><th>换证</th></tr>
<tr><td colspan="2">导游人员资格证书</td><td>个人</td><td>国家旅游局或
省级旅游局</td><td>30个工作日</td><td>3年未从业的
资格证自动失效</td><td></td></tr>
<tr><td rowspan="2">导游证</td><td>正式</td><td>个人</td><td>省级旅游局</td><td>15日</td><td>3年</td><td>提前3个月</td></tr>
<tr><td>临时</td><td>旅行社</td><td>省级旅游局</td><td></td><td>≤3个月</td><td></td></tr>
<tr><td colspan="2">领队证</td><td>组团社</td><td>省级旅游局或
市级旅游局</td><td>15个工作日</td><td>3年</td><td>提前半年</td></tr>
</table>

5. 不得颁发导游证的情形。

（1）无民事行为能力或者限制民事行为能力的。

（2）患有传染性疾病的。

（3）受过刑事处罚，过失犯罪的除外。

（4）被吊销导游证未逾 3 年的。

6. 导游人员证书。

证件 内容	是否取得导游人员资格证书	有无语种语言能力限制	领取程序	有效期限
正式导游证	取得	无	个人申请	3年，提前3个月换发
临时导游证	无	必须有	旅行社申请	≤3个月，不得展期

导游人员资格证书与导游证的关系：两者的联系是导游人员资格证书是取得导游证的必要前提；区别是性质不同、颁证机构不同、领取程序不同、作用不同、期限不同。

违反《旅游法》规定，被吊销导游证、领队证的导游和领队，自处罚之日起未逾 3 年的，不得重新申请导游证、领队证。

7. 导游人员的权利和义务。

（1）权利：人格尊严不受侵犯权；调整、变更接待计划权（4 个条件：在引导旅游者旅行、游览过程中，遇有可能危及旅游者人身安全的紧急情形时，征得多数旅游者的同意，立即报告旅行社）；行政复议权；行政诉讼权。

（2）导游、领队的义务及法律责任。

义务	法律责任
不断提高自身业务素质和职业技能	
应当佩戴导游证、领队证	责令改正、拒不改正的，处500元以下罚款
必须经旅行社委派	责令改正，没收违法所得，处100元以上1万元以下罚款，并暂扣或者吊销导游证、领队证（第102条）
自觉维护国家利益和民族尊严	责令改正，情节严重的，由省级旅游局吊销导游证并予以公告；对该导游员所在的旅行社给予警告直至责令停业整顿
遵守职业道德，尊重旅游者的风俗习惯和宗教信仰	
应当向旅游者告知和解释旅游文明行为规范，引导旅游者健康、文明旅游，劝阻旅游者违反社会公德的行为	
严格执行旅游行程安排，不得擅自变更旅游行程或者中止服务活动	处2000元以上2万元以下罚款，并暂扣或者吊销导游证、领队证（第100条）
在引导旅游者旅行、游览过程中，应当就可能发生危及旅游者人身、财物安全的情况，向旅游者做出真实的说明和明确的警示，并按照旅行社的要求采取防止危害发生的措施	
不得向旅游者索取小费	由旅游主管部门责令退还，处1000元以上1万元以下罚款；情节严重的，并暂扣或者吊销导游证、领队证（第102条）
不得诱导、欺骗、强迫或者变相强迫旅游者购物或者参加另行付费的旅游项目	没收违法所得，处2000元以上2万元以下罚款，并暂扣或者吊销导游证、领队证（第98条）

8. 对无导游证进行导游活动的管理。

（1）在中华人民共和国境内从事导游活动，必须取得导游证。

（2）无导游证进行导游活动的，由旅游行政部门责令改正，没收违法所得，并处1000 元以上 1 万元以下的罚款，予以公告。

9. 导游人员等级考核制度。

（1）导游人员等级考核的划分及适用范围：导游人员等级分为两个系列（外语导游员系列和中文导游员系列），四个等级（初级导游员、中级导游员、高级导游员、特级导游员）。

（2）导游人员等级考核评定办法。

内容 等级	中级导游		高级导游	特级导游
	中文导游	外语导游		
考核方式	笔试		笔试	论文答辩
考试科目	导游知识专题、汉语言文学知识	导游知识专题、外语	导游综合知识、导游能力测试	

参加省部级以上单位组织的导游技能大赛获得最佳名次的导游人员，报全国导游人员等级考核评定委员会批准后，可晋升一级导游人员等级。一人多次获奖只能晋升一次，晋升的最高等级为高级。

10. 导游人员的计分管理制度。

（1）导游人员计分办法实行年度 10 分制，按照其违规行为的性质、情节轻重分别予以不同扣分。

一次扣除10 分的	损害国家利益和民族尊严言行的；诱导或安排旅游者参加黄、赌、毒活动项目的；有殴打或谩骂旅游者行为的；欺骗、胁迫旅游者消费的；未通过年审继续从事导游业务的；因自身原因造成旅游团重大危害和损失的
一次扣除8分的	拒绝、逃避检查，或者欺骗检查人员的；擅自增加或者减少旅游项目的；擅自中止导游活动的；讲解中掺杂庸俗、下流、迷信内容的；未经旅行社委派私自承揽或者以其他任何方式直接承揽导游业务的
一次扣除6 分的	向旅游者兜售物品或购买旅游者物品的；以明示或者暗示的方式向旅游者索要小费的；因自身原因漏接漏送或误接误送旅游团的；讲解质量差或者不讲解的；私自转借导游证供他人使用的；发生重大安全事故不积极配合有关部门救助的
一次扣除4 分的	私自带人随团游览的；无故不随团活动的；在导游活动中未佩戴导游证或未携带计分卡的；不尊重旅游者宗教信仰和民族风俗的
一次扣除2 分的	未按规定时间到岗的；10 人以上团队未打接待社社旗的；未携带正规接待计划的；接站未出示旅行社标识的；仪表、着装不整洁的；讲解中吸烟、吃东西的

（2）计分管理的其他规定：导游人员 10 分分值被扣完后，由最后扣分的旅游行政执法单位暂时保留其导游证，并出具保留导游证证明。正在带团过程中的导游人员，如果其 10 分分值已被扣完，可持旅游行政执法单位出具的保留证明完成团队剩余行程。

对导游人员的计分管理，是旅游行政管理部门的一项行政管理措施，不属于行政处罚。

11. 导游年审制度。

组织实施	年审内容	考评等级	具体实施		培训时间
所在地旅游行政管理部门	当年从事导游业务情况；扣分情况；接受行政处罚情况；游客反映情况	通过年审 暂缓通过 不予通过	一次10分	不予通过	不得少于56小时
			累计10分	暂缓通过	
			一次8分	全行业通报	
			一次6分	警告批评	

12. 出境旅游领队人员管理制度。

概念	依照《出境旅游领队人员管理办法》规定取得出境旅游领队证（以下简称“领队证”），接受具有出境游业务经营权的旅行社（以下简称“组团社”）的委派，从事出境旅游领队业务的人员
资格审查	组团社负责做好申请领取领队证人员的资格审查和业务培训
业务培训	思想道德教育、涉外纪律教育、旅游政策法规、旅游目的地国家的基本情况
职责	遵守《中国公民出国旅游管理办法》中的有关规定，维护旅游者的合法权益；协同接待社实施旅游行程计划，协助处理旅游行程中的突发事件、纠纷及其他问题；为旅游者提供旅游行程服务；自觉维护国家利益和民族尊严，并提醒旅游者抵制任何有损国家利益和民族尊严的言行

13. 领队的法律责任。

违法行为	法律责任
对申请领队证人员不进行资格审查或业务培训，或审查不严，或对领队人员、领队业务疏于管理，造成领队人员或领队业务发生问题的	由旅游行政管理部门视情节轻重，分别给予组团社警告、取消申领领队证资格、取消组团社资格等处罚

领队人员伪造、涂改、出借或转让领队证，或者在从事领队业务时未佩戴领队证的	由旅游行政管理部门责令改正，处人民币1万元以下的罚款；情节严重的，由旅游行政管理部门暂扣领队证3个月至1年，并不得重新换发领队证
未协同接待社实施旅游行程计划，协助处理旅游行程中的突发事件、纠纷及其他问题；未为旅游者提供旅游行程服务；未自觉维护国家利益和民族尊严，并提醒旅游者抵制任何有损国家利益和民族尊严的言行的	由旅游行政管理部门责令改正，并可暂扣领队证3个月至1年；造成重大影响或产生严重后果的，由旅游行政管理部门撤销其领队登记，并不得再次申请领队登记，同时要追究组团社责任

14. 导游领队引导文明旅游的主要内容。

法律法规	风俗禁忌	绿色环保	礼仪规范	诚信善意
将我国和旅游目的地国家和地区文明旅游的有关法律规范和相关要求向旅游者进行提示和说明，避免旅游者出现触犯法律的不文明行为。引导旅游者爱护公物、文物，遵守交通规则，尊重他人权益	主动提醒旅游者尊重当地风俗习惯、宗教禁忌。在有支付小费习惯的国家和地区，应引导旅游者以礼貌的方式主动向服务人员支付小费	向旅游者倡导绿色出游、节能环保，宜将具体环保常识和方法向旅游者进行说明。引导旅游者爱护旅游目的地自然环境，保持旅游场所的环境卫生	提醒旅游者注意基本的礼仪规范：仪容整洁，遵序守时，言行得体。提醒旅游者不在公共场合大声喧哗、违规抽烟，提醒旅游者依序排队、不拥挤争抢	引导旅游者在旅游过程中保持良好心态，尊重他人、遵守规则、恪守契约、包容礼让，展现良好形象。通过旅游提升文明素养

15. 导游领队引导文明旅游的具体规范。

（1）出行前。

①将旅游文明需要注意的事项以适当方式告知旅游者。

②导游领队参加行前说明会的，宜在行前说明会上，向旅游者讲解《中国公民国内旅游文明行为公约》或《中国公民出境旅游文明行为指南》，提示基本的文明旅游规范，并将旅游目的地的法律法规、宗教信仰、风俗禁忌、礼仪规范等内容，系统、详细地告知旅游者，使旅游者在出行前具备相应知识，为文明旅游做好准备。

③不便于召集行前说明会或导游领队不参加行前说明会的，导游领队宜向旅游者发送电子邮件、传真，或通过电话沟通等方式，将文明旅游的相关注意事项和规范要求进

行说明和告知。

④在旅游出发地机场、车站等集合地点，导游领队应将文明旅游事项向旅游者进行重申。

⑤若旅游产品具有特殊安排，如乘坐的廉价航班上不提供餐饮、入住酒店不提供一次性洗漱用品的，导游领队应向旅游者事先告知和提醒。

（2）登机（车、船）与出入口岸。

①导游领队应提醒旅游者提前办理检票、安检、托运行李等手续，不携带违禁物品。

②导游领队应组织旅游者依序候机（车、船），并优先安排老人、未成年人、孕妇、残障人士。

③导游领队应提醒旅游者不抢座、不占位，主动将上下交通工具方便的座位让给老人、孕妇、残障人士和带婴幼儿的旅游者。

④导游领队应引导旅游者主动配合机场、车站、港口以及安检、边防（移民局）、海关的检查和指挥。与相关工作人员友好沟通，避免产生冲突。携带需要申报的物品，应主动申报。

（3）乘坐公共交通工具。

①导游领队宜利用乘坐交通工具的时间，将文明旅游的规范要求向旅游者进行说明和提醒。

②导游领队应提醒旅游者遵守和配合乘务人员指示，保障交通工具安全有序运行，如乘机时应按照要求使用移动电话等电子设备。

③导游领队应提醒旅游者乘坐交通工具的安全规范和基本礼仪，遵守秩序，尊重他人，如乘机（车、船）时不长时间占用通道或卫生间，不强行更换座位，不强行开启安全舱门。避免不文雅的举止，不无限制索要免费餐饮等。

④导游领队应提醒旅游者保持交通工具内的环境卫生，不乱扔乱放废弃物。

（4）住宿。

①导游领队应提醒旅游者尊重服务人员，服务人员问好时要友善回应。

②导游领队应指引旅游者爱护和正确使用住宿场所设施设备，注意维护客房和公用空间的整洁卫生，提醒旅游者不在酒店禁烟区域抽烟。

③导游领队应引导旅游者减少一次性物品的使用，减少环境污染，节水节电。

④导游领队应提醒旅游者在客房区域举止文明，如在走廊等公共区域衣着得体，出入房间应轻关房门，不吵闹喧哗，宜调小电视音量，以免打扰其他客人休息。

⑤导游领队应提醒旅游者在客房内消费的，应在离店前主动声明并付费。

（5）餐饮。

①导游领队应提醒旅游者注意用餐礼仪，有序就餐，避免高声喧哗干扰他人。

②导游领队应引导旅游者就餐时适量点用，避免浪费。

③导游领队应提醒旅游者自助餐区域的食物、饮料不能带离就餐区。

④集体就餐时，导游领队应提醒旅游者正确使用公共餐具。

⑤旅游者如需在就餐时抽烟，导游领队应指示旅游者到指定抽烟区域就座，如就餐区禁烟的，应遵守相关规则。

⑥就餐环境对服装有特殊要求的，导游领队应事先告知旅游者，以便旅游者准备。

⑦在公共交通工具或博物馆、展览馆、音乐厅等场所，应遵守相关规则，勿违规饮食。

（6）游览。

①导游领队宜将文明旅游的内容融合在讲解词中，进行提醒和告知。

②导游领队应提醒旅游者遵守游览场所规则，依序文明游览。

③在自然环境中游览时，导游领队应提示旅游者爱护环境，不攀折花草，不惊吓伤害动物，不进入未开放区域。

④观赏人文景观时，导游领队应提示旅游者爱护公物、保护文物，不攀登骑跨或胡写乱画。

⑤在参观博物馆、教堂等室内场所时，导游领队应提示旅游者保持安静，根据场馆要求规范使用摄影摄像设备。不随意触摸展品。

⑥游览区域对旅游者着装有要求的（如教堂、寺庙、博物馆、皇宫等），导游领队应提前一天向旅游者说明，提醒准备。

⑦导游领队应提醒旅游者摄影摄像时先后有序，不妨碍他人。如需拍摄他人肖像或与他人合影，应征得同意。

（7）娱乐。

①导游领队应组织旅游者安全、有序、文明、理性参与娱乐活动。

②导游领队应提示旅游者观赏演艺、比赛类活动时遵守秩序，如按时入场、有序出入。中途入场或离席以及鼓掌喝彩应合乎时宜。根据要求使用摄像摄影设备，慎用闪光灯。

③导游领队应提示旅游者观看体育比赛时，尊重参赛选手和裁判，遵守赛场秩序。

④旅游者参加涉水娱乐活动的，导游领队应事先提示旅游者听从工作人员指挥，注意安全，爱护环境。

⑤导游领队应提示旅游者在参加和其他旅游者、工作人员互动活动时，文明参与、大方得体，并在活动结束后对工作人员表示感谢，礼貌话别。

（8）购物。

①导游领队应提醒旅游者理性、诚信消费，适度议价，善意待人，遵守契约。

②导游领队应提醒旅游者遵守购物场所规范，保持购物场所秩序，不哄抢喧哗，试吃试用商品应征得同意，不随意占用购物场所非公共区域的休息座椅。

③导游领队应提醒旅游者尊重购物场所购物数量限制。

④在购物活动前，导游领队应提醒旅游者购物活动结束时间和购物结束后的集合地点，避免旅游者因迟到、拖延而引发的不文明现象发生。

（9）如厕。

①在旅游过程中，导游领队应提示旅游者正确使用卫生设施。在如厕习惯特别的国家或地区，或卫生设施操作复杂的，导游领队应向旅游者进行相应说明。

②导游领队应提示旅游者维护卫生设施清洁、适度取用公共卫生用品，并遵照相关提示和说明不在卫生间抽烟或随意丢弃废弃物，不随意占用残障人士专用设施。

③在乘坐长途汽车前，导游领队应提示旅游者行车时间，提醒旅游者提前上卫生间。在长途行车过程中，导游领队应与司机协调，在中途安排停车如厕。

④游览过程中，导游领队应适时提示卫生间位置，尤其应注意引导家长带领未成年人使用卫生间，不随地大小便。

⑤在旅游者众多的情况下，导游领队应引导旅游者依序排队使用卫生间，并礼让急需的老人、未成年人、残障人士。

⑥在野外无卫生间等设施设备的情况下，导游领队应引导旅游者在适当的位置如厕，避免污染水源或影响生态环境。并提示旅游者填埋、清理废弃物。

旅游安全管理法律法规制度

★了解、熟悉和掌握《旅游法》《旅游安全管理暂行办法》《旅游安全管理暂行办法实施细则》《重大旅游安全事故报告制度试行办法》《重大旅游安全事故处理程序试行办法》关于旅游安全的法律制度、安全事故处理及其相关法律责任的规定。

1. 旅游安全管理工作方针：安全第一、预防为主。

旅游安全管理工作原则：统一领导、分级管理、以基层为主。

2. 旅游安全事故：是指涉及旅游者人身、财物安全的事故。

3. 旅游安全事故的分类。

标准分类	轻微事故	一般事故	重大事故	特大事故
人身伤亡	轻伤	重伤	死亡或重伤致残	死亡多人；性质特别严重，造成重大影响者
经济损失（含下限不含上限）	1万元以下	1万—10万元	10万—100万元	100万元以上

4.《重大旅游安全事故报告制度试行办法》知识点。

概念	重大旅游安全事故是指：造成海外旅游者人身重伤、死亡的事故；涉外旅游住宿、交通、游览、餐饮、娱乐、购物场所的重大火灾及其他恶性事故；造成其他经济损失严重的事故
颁布机构	国家旅游局
监管单位	各省、自治区、直辖市、计划单列市旅游行政管理部门和参加中国旅游紧急救援协调机构联络网的单位（以下简称“报告单位”），都有责任将重大旅游安全事故上报中国旅游紧急救援协调机构 报告单位在接到旅游景区、饭店、交通途中或其他场合发生的重大旅游安全事故的报告后，除向当地有关部门报告外，应同时以电传、电话或其他有效方式直接向中国旅游紧急救援协调机构报告事故发生的情况

<table>
<tr><td rowspan="3">报告内容</td><td>首次报告</td><td>事故发生的时间、地点；事故发生的初步情况；事故接待单位及与事故有关的其他单位；报告人的姓名、单位和联系电话</td></tr>
<tr><td>事故处理过程中</td><td>伤亡情况及伤亡人员姓名、性别、年龄、国籍、团名、护照号码；事故处理的进展情况；对事故原因的分析；有关方面反映和要求；其他需要请示或报告的事项</td></tr>
<tr><td>事故处理结束后</td><td>事故经过及处理；事故原因及责任；事故教训及今后防范措施；善后处理过程及赔偿情况；有关方面及事主家属的反映；事故遗留问题及其他</td></tr>
</table>

中国旅游紧急救援协调机构设在国家旅游局综合业务司（电话:010−65234521,传真:010−65122096，地址：北京建内大街甲 9 号，邮政编码：100740）。

5.《重大旅游安全事故处理程序试行办法》知识点。

<table>
<tr><td>事故处理负责部门</td><td colspan="2">事故处理原则上由事故发生地区政府协调有关部门以及事故责任方及其主管部门负责，必要时可成立事故处理领导小组</td></tr>
<tr><td rowspan="4">事故处理程序</td><td>报告单位应立即派人赶赴现场</td><td>报告单位如不属于事故责任方或责任方的主管部门，应按照事故处理领导小组的部署做好有关工作</td></tr>
<tr><td>组织抢救工作</td><td>有伤亡情况的，应立即组织医护人员进行抢救，并及时报告当地卫生部门，同时，核查伤亡人员的团队名称、国籍、姓名、性别、年龄、护照号码以及在国内外的保险情况，并进行登记。有死亡事故的应注意保护好遇难者的遗骸、遗体。对事故现场的行李和物品，要认真清理和保护，并逐项登记造册</td></tr>
<tr><td>保护事故现场</td><td>在公安部门人员未进入事故现场前，如因现场抢救工作需移动物证时，应做出标记，尽量保护事故现场的客观完整</td></tr>
<tr><td>及时报告当地公安部门</td><td></td></tr>
<tr><td rowspan="2">伤亡人员中有海外游客</td><td colspan="2">责任方和报告单位在对伤亡人员核查清楚后，要及时报告当地外事办公室和中国旅游紧急救援协调机构；由后者负责通知有关方面。中国旅游紧急救援协调机构在接到报告后，还将及时通知有关国际急救组织；后者做出介入决策后，有关地方要协助配合其开展救援工作</td></tr>
<tr><td colspan="2">在伤亡人员确定无误后，有关组团旅行社应及时通知海外旅行社，并向伤亡者家属发慰问函电</td></tr>
</table>

<table>
<tr><td rowspan="4">伤亡事故的处理过程中</td><td colspan="2">做好伤亡家属的接待、遇难者的遗体和遗物的处理以及其他善后工作</td></tr>
<tr><td rowspan="3">提供以下证明文件</td><td>为伤残人员提供医疗部门出具的“伤残证明书”</td></tr>
<tr><td>为骨灰遣返者提供法医出具的“死亡鉴定书”；丧葬部门出具的“火化证明书”</td></tr>
<tr><td>为遗体遣返者提供法医出具的“死亡鉴定书”；医院出具的“尸体防腐证明书”，防疫部门检疫后出具的“棺柩出境许可证”</td></tr>
<tr><td>善后赔偿</td><td colspan="2">责任方及其主管部门要妥善处理好对伤亡人员的赔偿问题。报告单位要协助责任方按照国家有关规定办理对伤亡人员及其家属进行人身伤亡及财物损失的赔偿。协助保险公司办理购买入境旅游保险者的保险赔偿</td></tr>
</table>

6. 外国旅游者在华旅游期间发生伤亡事故的处理。

（1）外国旅游者在华旅游期间发生伤亡事故应当立即通过外事管理部门通知有关国家驻华使领馆和组团单位。

（2）外国旅游者死亡后的处理程序：死亡确定，分正常死亡和非正常死亡；通知外国使领馆及死者家属；尸体解剖；出具证明，“死亡证明书”或“死亡鉴定书”；对尸体的处理；骨灰和尸体运输出境；死者遗物的清点和处理；写出“死亡善后处理情况报告”。

7.《旅游法》中对旅游安全的相关规定。

<table>
<tr><td>管理机关</td><td colspan="2">县级以上人民政府统一负责旅游安全工作
县级以上人民政府有关部门依照法律、法规履行旅游安全监管职责</td></tr>
<tr><td>安全风险提示制度</td><td colspan="2">国家建立旅游目的地安全风险提示制度。该制度的级别划分和实施程序由国务院旅游主管部门会同有关部门制定</td></tr>
<tr><td rowspan="2">旅游经营者</td><td>安全职责</td><td>遵守相关法律法规、国家标准和行业标准，制定旅游者安全保护制度和应急预案；对直接为旅游者提供产品和服务的从业人员进行安全急救培训，对产品和服务进行安全检验、检测和评估，采取必要措施防止危害的发生；组织和接待老年人、未成年人、残疾人等旅游者，应当采取相应的安全保障措施；旅游经营者在发生突发事件或者旅游安全事故后的救助义务</td></tr>
<tr><td>告知义务</td><td>正确使用相关设施、设备的方法；必要的安全防范和应急措施；未向旅游者开放的经营、服务场所和设施、设备；不适宜参加相关活动的群体；可能危及旅游者安全的其他情形</td></tr>
<tr><td rowspan="2">旅游者</td><td>权利</td><td>遇到危险时，有权请求旅游经营者、当地政府和相关机构进行及时救助；在境外陷于困境时，有权请求我国驻当地机构在其职责范围内给予协助和保护</td></tr>
<tr><td>义务</td><td>接受救助后，应当支付应由个人承担的费用</td></tr>
</table>

旅游保险法律法规制度

★熟悉《旅游法》《旅行社责任保险管理办法》等法律、法规对责任保险及其旅游意外保险的相关规定。

1. 旅游保险与旅行社责任保险的概念及特点。

名词	概念	特点
旅游保险	旅游保险的投保人根据合同约定，向保险人支付保险费，保险人对于合同约定的在旅游活动过程中可能发生的事故因其发生所造成的财产损失、人身伤亡承担赔偿保险金的责任，或者当被保险人在旅游活动中死亡、伤残、疾病时承担给付保险金责任的商业保险行为	短期性；强制保险和自愿保险相结合；财产保险与人身保险相结合
旅行社责任保险	指以旅行社因其组织的旅游活动对旅游者和受其委派并为旅游者提供服务的导游或者领队人员依法应当承担的赔偿责任为保险标的的保险	旅行社责任保险是由旅行社根据保险合同的约定，向保险公司支付保险费的行为；保险事故发生的责任者是旅行社；旅行社责任保险中损害赔偿的承担者是承保的保险公司；旅行社责任保险属于强制保险

2. 旅游保险合同（旅游保险法律关系）的构成要素。

构成要素	概念
主体	指旅游保险合同的参与人，主要包括保险合同的当事人和关系人。当事人是指保险人和投保人，关系人是指被保险人和受益人
客体	指保险法律关系的客体，即保险合同当事人权利义务所指向的对象，即保险利益
内容	指旅游保险合同双方当事人的权利和义务

3. 旅行社责任保险的保险责任。

	保险责任	非保险责任（不承担责任的情形）
基本内容	包括旅行社在组织旅游活动中依法对旅游者的人身伤亡、财产损失承担的赔偿责任和依法对受旅行社委派并为旅游者提供服务的导游或者领队人员的人身伤亡承担的赔偿责任	旅游者在旅游行程中，由自身疾病引起的各种损失或损害，旅行社不承担赔偿责任；由于旅游者个人过错导致的人身伤亡和财产损失，以及由此导致需支出的各种费用，旅行社不承担赔偿责任；旅游者在自行终止旅行社安排的旅游行程后，或在不参加双方约定的活动而自行活动的时间内发生的人身、财产损害，旅行社不承担赔偿责任
具体包括	因旅行社疏忽或过失应当承担赔偿责任的；因发生意外事故旅行社应当承担赔偿责任的；国家旅游局会同中国保监会规定的其他情形	

4. 旅行社责任保险投保与赔偿的其他知识点。

投保方式	一般按年度投保，既可依法自主投保，也可有组织统一投保
合同期限	即保险期间，为1年，期满须续保
责任限额	每人人身伤亡责任限额不得低于20万元人民币
赔偿请求期	期限为2年，自其知道或者应当知道保险事故发生之日起计算

5. 旅行社责任保险统保示范产品与传统产品的区别。

区别	具体内容	
投保模式不同	统保产品	统一借助保险经纪人完成签约
	传统产品	旅行社和保险公司直接签约
保险责任不同	统保产品	保险范围扩大
	传统产品	保险责任范围较小
处理方式不同	统保产品	出险后，旅行社不必向承保的保险公司报案，应通过全国统一的报案专线电话400-6161188报案
	传统产品	出险后，需要由涉损旅行社直接向承保的保险公司报案，提出索赔
责任限额不同	统保产品	提供了可供旅行社选择的不同组合，每次事故每人的人身伤害责任限额设计了从20万元到100万元8种选择
	传统产品	每人人身伤亡责任限额不得低于20万元人民币

具体类别不同	统保产品	类型多样，有基本险和附加险等类型
	传统产品	类型单一

6. 旅行社责任保险统保示范产品的保险责任。

产品种类	保险责任
基本险	对旅游者人身伤害的赔偿责任，包括但不限于：因被保险人过失应当承担的赔偿责任；因发生意外事故被保险人应当承担的赔偿责任；经人民法院判决，或有关仲裁机构裁决，或旅行社责任保险调解处理中心认定或事故鉴定委员会认定被保险人应当承担的赔偿责任。对旅游者财产损失的赔偿责任；有责延误费用赔偿责任；无责救助费用赔偿责任；精神损害赔偿责任；对被保险人的工作人员的赔偿责任；法律费用赔偿责任；施救费用赔偿责任
附加险	紧急救援费用保险；旅程延误保险；旅行取消损失保险；抚慰金附加保险；扩展费用保障保险

7.《旅游法》关于责任保险的相关规定。

国家根据旅游活动的风险程度，对旅行社、住宿、旅游交通、高风险旅游项目等经营者实施责任保险制度。

旅游出入境管理法律法规制度

★熟悉和掌握《中华人民共和国出境入境管理法》(以下简称《出境入境管理法》)关于中国公民和外国人出入境证件的规定，中国旅游者出入境的权利义务及其相关法律责任，外国旅游者入出境的权利义务及其相关法律责任的规定。

1. 外国旅游者入出我国国境的有效证件。

护照	普通护照
签证	L字签证发给来中国旅游、探亲或者因其他私人事务入境的人员，其中9人以上组团来中国旅游的，可以发给团体签证

旅行证	前往地	不对外国人开放的地区：乙、丙、丁
	办理机关	当地公安机关
	有效期	最长为1年，但不得超过外国人所持签证或者居留证件的有效期限

2. 外国旅游者在中国停留、居留与住宿的规定。

停留	停留证件有效期最长为180日		
居留（居留证）	申办时间		入境之日起30日内
	管理机构		拟居留地县级以上公安机关出入境管理机构
	颁证期限		15日内
	种类及有效期	工作类居留证	最短为90日，最长为5年
		非工作类居留证	最短为180日，最长为5年
住宿	中国境内旅馆住宿，旅馆向公安机关报送登记信息；旅馆以外地方住宿，本人或留宿人24小时内向公安机关登记		

3. 外国旅游者入出境检查制度："一关四检"，即海关、边防、安全、卫生、动植物等方面的检查。

4. 外国人不准入境的情形。

（1）未持有效出入证件或者拒绝逃避接受边防检查的。

（2）不予签发签证的：①被驱逐出境或者被决定遣送出境，未满不准入境年限的；②患有严重精神障碍、传染性肺结核病或者有可能对公共卫生造成重大危害的其他传染病的；③可能危害我国国家安全和利益、破坏社会公共秩序或者从事其他违法犯罪活动的；④在申请签证过程中弄虚作假或者不能保障其在中国期间所需费用的。

（3）入境后可能从事与签证种类不符的活动的。

（4）法律、行政法规规定不准入境的其他情形。

5. 外国人不准出境的情形。

（1）被判处刑罚尚未执行完毕或者属于刑事案件的被告人，公安机关、人民检察院或者人民法院认定的犯罪嫌疑人。

（2）有未了结民事案件人民法院决定不准出境的。

（3）拖欠劳动者的劳动报酬，经国务院有关部门或省级政府决定不准出境的。

（4）其他。

6. 中国旅游者出入境的有效证件及办理。

<table>
<tr><td rowspan="4">护照</td><td rowspan="2">签发机关</td><td>国内：公安部出入境管理机构或者公安部委托的县级以上地方人民政府公安机关出入境管理机构</td></tr>
<tr><td>国外：中华人民共和国驻外使领馆及外交部委托的其他驻外机构签发</td></tr>
<tr><td>签发期限</td><td>15日内，特殊情况可延长至30日</td></tr>
<tr><td>有效期</td><td>持有人未满16周岁的，护照有效期为5年；16周岁以上的为10年</td></tr>
<tr><td rowspan="2">旅行证</td><td>缘由</td><td>短期出国的公民在国外发生护照遗失、被盗或者损毁不能使用等情形</td></tr>
<tr><td>管理机构</td><td>我国驻外使领馆或者外交部委托的其他驻外机构</td></tr>
<tr><td rowspan="2">出入境通行证</td><td>缘由</td><td>公民从事边境贸易、边境旅游服务或者参加边境旅游等情形</td></tr>
<tr><td>管理机构</td><td>公安部委托的县级以上公安机关出入境管理机构</td></tr>
<tr><td>签证</td><td colspan="2">持有效护照，到所去国家的驻华使领馆提出申请，办理出国签证</td></tr>
</table>

7. 中国旅游者不批准出境的情形。

（1）未持有效出入证件或者拒绝逃避接受边防检查的。

（2）被判处刑罚尚未执行完毕或者属于刑事案件被告人、犯罪嫌疑人的。

（3）有未了结的民事案件，人民法院决定不准出境的。

（4）因妨害国（边）境管理受到刑事处罚或者因非法出境、非法居留、非法就业被其他国家或者地区遣返，未满不准规定年限的。

（5）可能危害国家安全和利益，国务院有关主管部门决定不准出境到的。

（6）法律、行政法规规定不能出境的其他情形。

旅游交通管理法律法规制度

★了解和熟悉《中华人民共和国民用航空法》(以下简称《民用航空法》) 关于承运人的权利义务及其相关法律责任;《中华人民共和国铁路法》(以下简称《铁路法》) 关于承运人的权利义务及其相关法律责任，旅客权利义务的规定;《国内水路运输管理条例》关于承运人的权利义务及其相关法律责任的规定。

1.《民用航空法》规定的承运人的权利义务：承运人运送旅客，应当出具客票。承运人载运托运行李时，行李票可以包含在客票之内或者与客票相结合。

2.《民用航空法》规定的承运人的责任。

<table>
<tr><th></th><th colspan="2">承担责任</th><th>不承担责任</th><th>减轻和免除</th></tr>
<tr><td>旅客人身伤亡</td><td colspan="2">因发生在民用航空器上或者在旅客上、下民用航空器过程中的事件，造成旅客人身伤亡的，承运人应当承担责任</td><td>完全是由于旅客本人的健康状况造成的</td><td rowspan="5">在旅客、行李运输中，经承运人证明，损失是由索赔人的过错造成或者促成的，应当根据造成或者促成此种损失的过错的程度，相应免除或者减轻承运人的责任。旅客以外的其他人就旅客死亡或者受伤提出赔偿请求时，经承运人证明，死亡或者受伤是旅客本人的过错造成或者促成的，同样应当根据造成或者促成此种损失的过错的程度，相应免除或者减轻承运人的责任</td></tr>
<tr><td rowspan="3">旅客财产损失</td><td>随身携带物品</td><td>因发生在民用航空器上或者在旅客上、下民用航空器过程中的事件</td><td rowspan="2">旅客随身携带物品或者托运行李的毁灭、遗失或者损坏完全是由于行李本身的自然属性、质量或者缺陷造成的</td></tr>
<tr><td>托运行李</td><td>因发生在航空运输期间的事件</td></tr>
<tr><td>货物</td><td>因发生在航空运输期间的事件</td><td>货物本身的自然属性、质量或者缺陷；承运人或者其受雇人、代理人以外的人包装货物的，货物包装不良；战争或者武装冲突；政府有关部门实施的与货物入境、出境或者过境有关的行为</td></tr>
<tr><td>延误损失</td><td colspan="2">旅客、行李或者货物在航空运输中因延误造成的损失</td><td>承运人证明本人或者其受雇人、代理人为了避免损失的发生，已经采取一切必要措施或者不可能采取此种措施的</td></tr>
</table>

3. 承运人的赔偿责任限额：根据 2006 年经国务院批准发布的《国内航空运输承运人赔偿责任限额规定》，国内航空运输承运人应当在下列规定的赔偿责任限额内按照实际损害承担赔偿责任，但是《民用航空法》另有规定的除外。

类别	赔偿责任限额
每名旅客人身伤亡	人民币40万元
每名旅客随身携带物品	人民币3000元
旅客托运的行李和运输的货物	人民币100元/千克

4.《铁路法》规定的承运人的权利、义务。

承运人的权利	承运人的义务
旅客乘车应当持有效车票；对无票乘车或者持失效车票乘车的，应当补收票款，并按照规定加收票款；拒不交付的，铁路运输企业可以责令下车	保证旅客人身、财物的安全；按车票、行李票、包裹票约定的日期和车次提供运输服务；其他服务（文明礼貌、热情周到，清洁卫生，提供开水）；采取措施，防止对铁路沿线环境的污染；铁路的旅客票价，货物、包裹、行李的运价，旅客和货物运输杂费的收费项目和收费标准，必须公告，未公告的不得实施

5.《铁路法》规定的承运人的赔偿责任。

	承担赔偿责任	不承担赔偿责任
承运的货物、包裹、行李自接受承运时起到交付时止，发生的灭失、短少、变质、污染或者损坏	托运人或者旅客根据自愿申请办理保价运输的，按照实际损失赔偿，但最高不超过保价额；未按保价运输承运的，按照实际损失赔偿，但最高不超过国务院铁路主管部门规定的赔偿限额；如果损失是由于铁路运输企业的故意或者重大过失造成的，不适用赔偿限额的规定，按照实际损失赔偿	不可抗力；货物或者包裹、行李中的物品本身的自然属性，或者合理损耗；托运人、收货人或者旅客的过错
旅客人身伤亡	铁路行车事故及其他铁路运营事故造成	因不可抗力或者由于受害人自身的原因（违章通过平交道口或者人行过道，或者在铁路线路上行走、坐卧造成的人身伤亡）

6.《国内水路运输管理条例》关于承运人的义务。

（1）水路运输经营者应当在依法取得许可的经营范围内从事水路运输经营。

（2）水路运输经营者应当使用合格的符合本条例规定条件、配备合格船员的船舶，并保证船舶处于适航状态。水路运输经营者应当按照船舶核定载客定额或者载重量载运旅客、货物，不得超载或者使用货船载运旅客。

（3）水路运输经营者应当依照法律及合同约定提供服务，保证旅客、货物运输安全。还应当为其客运船舶投保承运人责任保险或者取得相应的财务担保。

（4）水路运输经营者运输危险货物，应当遵守法律、行政法规以及国务院交通运输主管部门关于危险货物运输的规定，使用依法取得危险货物适装证书的船舶，按照规定的安全技术规范进行配载和运输，保证运输安全。

（5）旅客班轮运输业务经营者应当自取得班轮航线经营许可之日起 60 日内开航，并在开航 15 日前公布所使用的船舶、班期、班次、运价等信息。旅客班轮运输应当按照公布的班期、班次运行；变更班期、班次、运价的，应当在 15 日前向社会公布；停止经营部分或者全部班轮航线的，应当在 30 日前向社会公布并报原许可机关备案。

（6）货物班轮运输业务经营者应当在班轮航线开航的 7 日前，公布所使用的船舶以及班期、班次和运价。货物班轮运输应当按照公布的班期、班次运行；变更班期、班次、运价或者停止经营部分及全部班轮航线的，应当在 7 日前向社会公布。

7.《国内水路运输管理条例》关于承运人的法律责任。

违法行为	法律责任
未经许可擅自经营及超越许可范围经营水路运输业务，或者国内船舶管理业务	责令停止经营，没收违法所得，并处违法所得1倍以上5倍以下的罚款；没有违法所得或者违法所得不足3万元的，处3万元以上15万元以下的罚款
水路运输经营者使用未取得船舶营运证件的船舶从事水路运输	责令该船停止经营，没收违法所得，并处违法所得1倍以上5倍以下的罚款；没有违法所得或者违法所得不足2万元的，处2万元以上10万元以下的罚款

未随船携带船舶营运证件	责令改正，可以处1000元以下的罚款
水路运输经营者未经国务院交通运输主管部门许可及超越许可范围使用外国籍船舶经营水路运输业务，或者外国的企业、其他经济组织和个人经营或以租用中国籍船舶及舱位等方式变相经营水路运输业务	责令停止经营，没收违法所得，并处违法所得1倍以上5倍以下的罚款；没有违法所得或者违法所得不足20万元的，处20万元以上100万元以下的罚款
以欺骗或者贿赂等不正当手段取得本条例规定的行政许可	由原许可机关撤销许可，处2万元以上20万元以下的罚款；有违法所得的，没收违法所得；国务院交通运输主管部门或者负责水路运输管理的部门自撤销许可之日起3年内不受理其对该项许可的申请
出租、出借、倒卖本条例规定的行政许可证件或者以其他方式非法转让本条例规定的行政许可	责令改正，没收违法所得，并处违法所得1倍以上5倍以下的罚款；没有违法所得或者违法所得不足3万元的，处3万元以上15万元以下的罚款；情节严重的，由原许可机关吊销相应的许可证件
伪造、变造、涂改本条例规定的行政许可证件	没收伪造、变造、涂改的许可证件，处3万元以上15万元以下的罚款；有违法所得的，没收违法所得
未按照规定配备船员或者未使船舶处于适航状态；超越船舶核定载客定额或者核定载重量载运旅客和货物；使用货船载运旅客；使用未取得危险货物适装证书的船舶运输危险货物	由海事管理机构依法予以处罚
水路旅客运输业务经营者未为其经营的客运船舶投保承运人责任保险或者取得相应的财务担保	责令限期改正，处2万元以上10万元以下的罚款；逾期不改正的，由原许可机关吊销该客运船舶的船舶营运许可证件
班轮运输业务经营者未提前向社会公布所使用的船舶、班期、班次和运价或者其变更信息	责令改正，处2000元以上2万元以下的罚款
旅客班轮运输业务经营者自取得班轮航线经营许可之日起60日内未开航	责令改正；拒不改正的，由原许可机关撤销该项经营许可

旅游饭店管理法规制度

★了解《旅游法》以及有关法律法规关于饭店经营者权利义务的规定。

★了解《娱乐场所管理条例》关于娱乐场所的管理制度、经营规则规定及其相关法律责任的规定。

1. 旅游饭店的概念：以间（套）夜为单位出租客房，以住宿服务为主，并提供商务、会议、休闲、度假等相应服务的住宿设施。

2. 旅游饭店权利和义务。

权利	义务
在一定条件下，拒绝接待游客；要求游客遵守饭店的有关规章；制止游客在饭店内的违法行为；按照有关规定收取费用；要求游客赔偿给饭店造成的损失	向游客提供约定的服务；保障游客的人身安全和财产安全；尊重游客隐私权；其他义务

《旅游法》75 条规定，住宿经营者应当按照旅游服务合同的约定为团队旅游者提供住宿服务。住宿经营者未能按照旅游服务合同提供服务的，应当为旅游者提供不低于原定标准的住宿服务，因此增加的费用由住宿经营者承担；但由于不可抗力、政府因公共利益需要采取措施造成不能提供服务的，住宿经营者应当协助安排旅游者住宿。

3. 旅游饭店拒绝接待游客的情形。

（1）客人已满，无客房出租。

（2）游客本人的举止不适合接待，如言行过于粗俗，衣冠不整、携带动物或危害饭店安全的物品等。

（3）游客拒付有关费用（无支付能力或曾有过逃账记录者）。

（4）游客患有精神病而又无人监护，或患有传染性疾病的。

（5）游客在饭店内从事违法活动的。

（6）因不可抗力的原因。

（7）游客拒不履行住宿登记手续。

（8）法律、法规规定的其他情况。

4. 旅游饭店星评工作的组织机构及职责。

星评机构	职责	评定检查时间
全国星评委	评五，否四以下	36—48小时以内
省级星评委	评四，否三以下，荐五	36小时以内
地区星评委	评一、二、三，荐四、五	24小时以内

5. 饭店星级申报的范围：中国境内，正式营业 1 年以上的饭店。

星级标志的有效期：3 年，3 年期满后应进行重新评定。

6. 饭店星级评定的标准：必备条件、设施设备、饭店运营质量。

7. 饭店星级复核。

复核分类	复核主体	复核方式	不达标处罚
年度复核	饭店	自查自纠	
三年期评定性复核	星评委	明察或暗访	限期整改≤1年
			取消星级1年后方可重新申请

8.《娱乐场所管理条例》概述。

概念	指以营利为目的，并向公众开放、消费者自娱自乐的歌舞和游艺等场所	
监督管理部门	日常经营监管	县级以上人民政府文化主管部门
	消防、治安监管	县级以上公安部门
开办娱乐场所，不得参与或者变相参与娱乐场所的经营活动的人	国家机关及其工作人员 与文化主管部门或公安部门的工作人员有夫妻关系、直系血亲关系、三代以内旁系血亲关系以及近姻亲关系的亲属	

9. 娱乐场所的设立。

类别	中资娱乐场所、中外合资、中外合作娱乐场所
审批部门	文化主管部门、消防、卫生、环保部门和工商部门

证件	娱乐经营许可证、营业执照
备案	取得营业执照后，15日内向所在地县级公安部门备案
禁设地点	居民楼、博物馆、图书馆和被核定为文物保护单位的建筑物内；居民住宅区和学校、医院、机关周围；车站、机场等人群密集的场所；建筑物地下一层以下；与危险化学品仓库毗连的区域
禁办或从业人员	曾犯有组织、强迫、引诱、容留、介绍卖淫罪，制作、贩卖、传播淫秽物品罪，走私、贩卖、运输、制造毒品罪，强奸罪，强制猥亵、侮辱妇女罪，赌博罪，洗钱罪，组织、领导、参加黑社会性质组织罪的；因犯罪曾被剥夺政治权利的；因吸食、注射毒品曾被强制戒毒的；因卖淫、嫖娼曾被处以行政拘留的

10. 娱乐场所的经营规则。

（1）禁止娱乐场所内的娱乐活动含有下列内容。

①违反宪法确定的基本原则的。

②危害国家统一、主权或者领土完整的。

③危害国家安全，或者损害国家荣誉、利益的。

④煽动民族仇恨、民族歧视，伤害民族感情或者侵害民族风俗、习惯，破坏民族团结的。

⑤违反国家宗教政策，宣扬邪教、迷信的。

⑥宣扬淫秽、赌博、暴力以及与毒品有关的违法犯罪活动，或者教唆犯罪的。

⑦违背社会公德或者民族优秀文化传统的。

⑧侮辱、诽谤他人，侵害他人合法权益的。

⑨法律、行政法规禁止的其他内容。

（2）娱乐场所及其从业人员不得实施下列行为，不得为进入娱乐场所的人员实施下列行为提供条件。

①贩卖、提供毒品，或者组织、强迫、教唆、引诱、欺骗、容留他人吸食或注射毒品。

②组织、强迫、引诱、容留、介绍他人卖淫或嫖娼。

③制作、贩卖、传播淫秽物品。

④提供或者从事以营利为目的的陪侍。

⑤赌博。

⑥从事邪教、迷信活动。

⑦其他违法犯罪行为。

娱乐场所的从业人员不得吸食、注射毒品，不得卖淫、嫖娼；娱乐场所及其从业人员不得为进入娱乐场所的人员实施上述行为提供条件。

（3）歌舞娱乐场所应当将闭路电视监控录像资料留存 30 日备查，不得删改或者挪作他用。

（4）歌舞娱乐场所不得接纳未成年人。除国家法定节假日外，游艺娱乐场所设置的电子游戏机不得向未成年人提供。

（5）每日凌晨 2 时至上午 8 时，娱乐场所不得营业。

（6）娱乐场所提供的娱乐服务项目和出售的商品，应当明码标价，并向消费者出示价目表；不得强迫、欺骗消费者接受服务或购买商品。

（7）任何单位或者个人发现娱乐场所内有违反本条例行为的，有权向文化主管部门、公安部门等有关部门举报。

文化主管部门、公安部门等有关部门接到举报，应当记录，并及时依法调查、处理；对不属于本部门职责范围的，应当及时移送有关部门。

11. 法律责任。

违规行为	法律责任
娱乐场所实施本条例第14条禁止行为的	由县级公安部门没收违法所得和非法财物，责令停业整顿3个月至6个月；情节严重的，由原发证机关吊销娱乐经营许可证，对直接负责的主管人员和其他直接责任人员处1万元以上2万元以下的罚款
设置具有赌博功能的电子游戏机机型、机种、电路板等游戏设施设备的	由县级公安部门没收违法所得和非法财物，并处违法所得2倍以上5倍以下的罚款；没有违法所得或者违法所得不足1万元的，并处2万元以上5万元以下的罚款；情节严重的，责令停业整顿1个月至3个月
以现金、有价证券作为奖品，或者回购奖品的	
娱乐场所指使、纵容从业人员侵害消费者人身权利的	依法承担民事责任，并由县级公安部门责令停业整顿1个月至3个月；造成严重后果的，由原发证机关吊销娱乐经营许可证

因擅自从事娱乐场所经营活动被依法取缔的	其投资人员和负责人终身不得投资开办娱乐场所或者担任娱乐场所的法定代表人、负责人
被吊销或者撤销娱乐经营许可证的	自被吊销或者撤销之日起，其法定代表人、负责人5年内不得担任娱乐场所的法定代表人、负责人
2年内被处以3次警告或者罚款又有违反本条例的行为应受行政处罚的	由县级人民政府文化主管部门、县级公安部门依据法定职权责令停业整顿3个月至6个月
2年内被2次责令停业整顿又有违反本条例的行为应受行政处罚的	由原发证机关吊销娱乐经营许可证

食品安全管理法律法规制度

★熟悉和了解《中华人民共和国食品安全法》(以下简称《食品安全法》)、《食物中毒事故处理办法》关于食品安全保障法律制度及其相关法律责任、食物中毒的处理的规定。

1. 基本概念。

食品	指各种供人使用或者饮用的成品和原料以及按照传统既是食品又是中药材的物品，但是不包括以治疗为目的的物品
食品安全	指食品无毒、无害，符合应当有的营养要求，对人体健康不造成任何急性、亚急性或者慢性危害
预包装食品	指预先定量包装或者制作在包装材料、容器中的食品
食品添加剂	指为改善食品品质和色、香、味，以及为防腐、保鲜和加工工艺的需要而加入食品中的人工合成或者天然物质，包括营养强化剂

2. 食品安全工作实行预防为主、风险管理、全程控制、社会共治，建立科学、严格的监督管理制度。

3.《食品安全法》主要法律制度及其解读。

制度	内容
食品安全标准化制度	食品安全标准是强制执行的标准，食品生产经营者必须遵照食品安全标准开展生产经营活动。国家标准（由国务院卫生行政部门会同食品药品监督管理部门制定、公布）、地方标准（省级卫生部门制度并上报备案）、企业标准（上报省级卫生部门备案）
食品生产经营许可制度	国家对食品生产经营实行许可制度。从事食品生产、食品销售、餐饮服务，应当依法取得许可。但是销售食用农产品，不需要取得许可
食品安全全程追溯制度	国家建立食品安全全程追溯制度。食品生产经营者应当依照本法的规定，建立食品安全追溯体系，保证食品可追溯。国家鼓励食品生产经营者采用信息化手段采集、留存生产经营信息，建立食品安全追溯体系
剧毒、高毒农药有禁区	食用农产品生产者应当按照食品安全标准和国家有关规定使用农药、肥料、兽药、饲料和饲料添加剂等农业投入品，严格执行农业投入品使用安全间隔期或者休药期的规定，不得使用国家明令禁止的农业投入品。禁止将剧毒或高毒农药用于蔬菜、瓜果、茶叶和中草药材等国家规定的农作物
批发市场须抽查农产品	食用农产品批发市场应当配备检验设备和检验人员或者委托符合本法规定的食品检验机构，对进入该批发市场销售的食用农产品进行抽样检验；发现不符合食品安全标准的，应当要求销售者立即停止销售，并向食品药品监督管理部门报告
网上卖食品必须“实名制”	网络食品交易第三方平台提供者应当对入网食品经营者进行实名登记，明确其食品安全管理责任；依法应当取得许可证的，还应当审查其许可证；网络食品交易第三方平台提供者发现入网食品经营者有违反本法规定行为的，应当及时制止并立即报告所在地县级人民政府食品药品监督管理部门；发现严重违法行为的，应当立即停止提供网络交易平台服务
食品召回制度	食品生产者发现其生产的食品不符合食品安全标准或者有证据证明可能危害人体健康的，应当立即停止生产，召回已经上市销售的食品，通知相关生产经营者和消费者，并记录召回和通知情况；食品生产经营者应当对召回的食品采取无害化处理、销毁等措施，防止其再次流入市场
转基因食品需要按照规定标示	生产经营转基因食品应当按照规定显著标示
“食品添加剂”需载明	国家对食品添加剂生产实行许可制度。食品添加剂应当有标签、说明书和包装。标签、说明书应当载明本法第67条第1款第1项至第6项、第8项、第9项规定的事项，以及食品添加剂的使用范围、用量、使用方法，并在标签上载明“食品添加剂”字样

特殊食品严格监管	国家对保健食品、特殊医学用途配方食品和婴幼儿配方食品等特殊食品实行严格监督管理；保健食品声称保健功能，应当具有科学依据，不得对人体产生急性、亚急性或者慢性危害，应当声明“本品不能代替药物”；特殊医学用途配方食品应当经国务院食品药品监督管理部门注册；婴幼儿配方食品生产企业应当实施从原料进厂到成品出厂的全过程质量控制，对出厂的婴幼儿配方食品实施逐批检验，保证食品安全
食品检验制度	县级以上人民政府食品药品监督管理部门应当对食品进行定期或者不定期的抽样检验，并依据有关规定公布检验结果，不得免检。进行抽样检验，应当购买抽取的样品，委托符合本法规定的食品检验机构进行检验，并支付相关费用；不得向食品生产经营者收取检验费和其他费用
举报食品违法将受保护	县级以上人民政府食品药品监督管理、质量监督等部门应当公布本部门的电子邮件地址或者电话，接受咨询、投诉、举报；对查证属实的举报，给予举报人奖励；有关部门应当对举报人的信息予以保密，保护举报人的合法权益。举报人举报所在企业的，该企业不得以解除、变更劳动合同或者其他方式对举报人进行打击报复
食品安全信息统一公布制度	国家建立统一的食品安全信息平台，实行食品安全信息统一公布制度；国家食品安全总体情况、食品安全风险警示信息、重大食品安全事故及其调查处理信息和国务院确定需要统一公布的其他信息由国务院食品药品监督管理部门统一公布
赔偿力度加大	消费者因不符合食品安全标准的食品受到损害的，可以向经营者要求赔偿损失，也可以向生产者要求赔偿损失。接到消费者赔偿要求的生产经营者，应当实行首负责任制，先行赔付，不得推诿；属于生产者责任的，经营者赔偿后有权向生产者追偿；属于经营者责任的，生产者赔偿后有权向经营者追偿；生产不符合食品安全标准的食品或者经营明知是不符合食品安全标准的食品，消费者除要求赔偿损失外，还可以向生产者或者经营者要求支付价款10倍或者损失3倍的赔偿金；增加赔偿的金额不足1000元的，为1000元。但是，食品的标签、说明书存在不影响食品安全且不会对消费者造成误导的瑕疵的除外

4. 食品安全事故处置。

概念	指食源性疾病、食品污染等源于食品，对人体健康有危害或者可能有危害的事故
事故等级	特别重大食品安全事故（Ⅰ级）、重大食品安全事故（Ⅱ级）、较大食品安全事故（Ⅲ级）、一般食品安全事故（Ⅳ级）

报告制度	事故发生单位和接收病人进行治疗的单位应当及时向事故发生地县级卫生行政部门报告；农业行政、质量监督、工商行政管理、食品药品监督管理部门在日常监督管理中发现食品安全事故，或者接到有关食品安全事故的举报，应当立即向卫生行政部门通报；接到报告的县级人民政府食品药品监督管理部门应当按照应急预案的规定向本级人民政府和上级人民政府食品药品监督管理部门报告。县级人民政府和上级人民政府食品药品监督管理部门应当按照应急预案的规定上报
处置措施	开展应急救援工作，组织救治因食品安全事故导致人身伤害的人员；封存可能导致食品安全事故的食品及其原料，并立即进行检验；对确认属于被污染的食品及其原料，责令食品生产经营者依照本法第63条的规定召回或者停止经营；封存被污染的食品相关产品，并责令进行清洗消毒；做好信息发布工作，依法对食品安全事故及其处理情况进行发布，并对可能产生的危害加以解释、说明

5. 法律责任。

<table>
<tr><th>违法行为</th><th>法律责任</th></tr>
<tr><td>未取得食品生产经营许可从事食品生产经营活动，或者未取得食品添加剂生产许可从事食品添加剂生产活动</td><td>由县级以上人民政府食品药品监督管理部门没收违法所得和违法生产经营的食品、食品添加剂以及用于违法生产经营的工具、设备、原料等物品；违法生产经营的食品、食品添加剂货值金额不足1万元的，并处5万元以上10万元以下罚款；货值金额1万元以上的，并处货值金额10倍以上20倍以下罚款</td></tr>
<tr><td>集中交易市场的开办者、柜台出租者、展销会的举办者允许未依法取得许可的食品经营者进入市场销售食品，或者未履行检查、报告等义务</td><td rowspan="2">由县级以上人民政府食品药品监督管理部门责令改正，没收违法所得，并处5万元以上20万元以下罚款；造成严重后果的，责令停业，直至由原发证部门吊销许可证；使消费者的合法权益受到损害的，应当与食品经营者承担连带责任</td></tr>
<tr><td>食用农产品批发市场违反本法第64条规定的</td></tr>
<tr><td>被吊销许可证</td><td>食品生产经营者及其法定代表人、直接负责的主管人员和其他直接责任人员自处罚决定做出之日起5年内不得申请食品生产经营许可，或者从事食品生产经营管理工作、担任食品生产经营企业食品安全管理人员</td></tr>
<tr><td>广告经营者及发布者设计、制作、发布虚假食品广告，使消费者的合法权益受到损害的</td><td>与食品生产经营者承担连带责任</td></tr>
</table>

<table>
<tr><td>对发生在本行政区域内的食品安全事故，未及时组织协调有关部门开展有效处置，造成不良影响或者损失</td><td rowspan="4">对直接负责的主管人员和其他直接责任人员给予记大过处分；情节较重的，给予降级或者撤职处分；情节严重的，给予开除处分；造成严重后果的，其主要负责人还应当引咎辞职</td></tr>
<tr><td>对本行政区域内涉及多环节的区域性食品安全问题，未及时组织整治，造成不良影响或者损失</td></tr>
<tr><td>隐瞒、谎报、缓报食品安全事故</td></tr>
<tr><td>本行政区域内发生特别重大食品安全事故，或者连续发生重大食品安全事故</td></tr>
</table>

6.《食物中毒事故处理办法》相关规定。

<table>
<tr><td>概念</td><td colspan="3">食物中毒，是指食用了被生物性、化学性有毒有害物质污染的食品或者食用了含有毒有害物质的食品后出现的急性、亚急性食源性疾患</td></tr>
<tr><td>立法部门</td><td colspan="3">中华人民共和国卫生部</td></tr>
<tr><td rowspan="2">管辖</td><td colspan="3">县级以上地方人民政府卫生行政部门主管管辖范围内 食物中毒事故的监督管理工作</td></tr>
<tr><td colspan="3">跨辖区的食物中毒事故由食物中毒发生地的人民政府卫生行政部门进行调查处理，由食物中毒肇事者所在地的人民政府卫生行政部门协助调查处理。对管辖有争议的，由共同上级人民政府卫生行政部门管辖或者指定管辖</td></tr>
<tr><td rowspan="7">报告</td><td colspan="2">进行治疗的单位</td><td>及时向所在地人民政府卫生行政部门报告发生食物中毒事故的单位、地址、时间、中毒人数、可疑食物等有关内容</td></tr>
<tr><td colspan="2">县级以上地方人民政府卫生行政部门</td><td>应当及时填写《食物中毒报告登记表》，并报告同级人民政府和上级卫生行政部门</td></tr>
<tr><td rowspan="4">紧急报告</td><td colspan="2">中毒人数超过30人的，应当于6小时内报告同级人民政府和上级人民政府卫生行政部门</td></tr>
<tr><td colspan="2">中毒人数超过100人或者死亡1人以上的，应当于6小时内上报卫生部，并同时报告同级人民政府和上级人民政府卫生行政部门</td></tr>
<tr><td colspan="2">中毒事故发生在学校、地区性或者全国性重要活动期间的，应当于6小时内上报卫生部，并同时报告同级人民政府和上级人民政府卫生行政部门</td></tr>
<tr><td colspan="2">其他需要实施紧急报告制度的食物中毒事故</td></tr>
<tr><td colspan="3">县级以上地方各级人民政府卫生行政部门接到跨辖区的食物中毒事故报告，应当通知有关辖区的卫生行政部门，并同时向共同的上级人民政府卫生行政部门报告</td></tr>
</table>

<table>
<tr><td rowspan="7">调查与控制</td><td rowspan="2">卫生行政部门措施</td><td>组织卫生机构对中毒人员进行救治；对可疑中毒食物及其有关工具、设备和现场采取临时控制措施；组织调查小组进行现场卫生学和流行病学调查，填写《食物中毒个案调查登记表》和《食物中毒调查报告表》，撰写调查报告，并按规定报告有关部门</td></tr>
<tr><td>责令食品生产经营者召回可疑中毒食品</td></tr>
<tr><td rowspan="5">涉事单位措施</td><td>立即停止其生产经营活动，并向所在地人民政府卫生行政部门报告</td></tr>
<tr><td>协助卫生机构救治病人</td></tr>
<tr><td>保留造成食物中毒或者可能导致食物中毒的食品及其原料、工具、设备和现场</td></tr>
<tr><td>配合卫生行政部门进行调查，按卫生行政部门的要求如实提供有关材料和样品</td></tr>
<tr><td>落实卫生行政部门要求采取的其他措施</td></tr>
</table>

旅游资源保护法律法规制度

★熟悉《风景名胜区条例》关于风景名胜区管理、保护和合理利用的规定及其相关法律责任的规定。

★熟悉《中华人民共和国文物保护法》（以下简称《文物保护法》）关于文物及文物保护的规定及其相关法律责任的规定。

★熟悉《中华人民共和国自然保护区条例》关于自然保护区区域构成、管理、保护和合理利用的规定及其相关法律责任的规定。

★了解《保护世界文化和自然遗产公约》关于文化遗产和自然遗产的定义、国家保护和国际保护的规定。

1. 风景名胜区相关知识点。

知识点	内容
概念	指具有观赏、文化或者科学价值，自然景观、人文景观比较集中，环境优美，可供人们游览或者进行科学、文化活动的区域
必备条件	具有观赏、文化或科学价值；自然景物、人文景物比较集中；可供人们游览、休息或进行科学、文化活动

<table>
<tr><td>等级</td><td colspan="2">国家级风景名胜区；省级风景名胜区</td></tr>
<tr><td rowspan="3">管理机构</td><td>国家</td><td>国务院建设主管部门负责全国风景名胜区的监督管理工作；国务院其他有关部门按照国务院规定的职责分工，负责风景名胜区的有关监督管理工作</td></tr>
<tr><td>省</td><td>省、自治区人民政府建设主管部门和直辖市人民政府风景名胜区主管部门，负责本行政区域内风景名胜区的监督管理工作；省、自治区、直辖市人民政府其他有关部门按照规定的职责分工，负责风景名胜区的有关监督管理工作</td></tr>
<tr><td>县级
以上</td><td>县级以上地方人民政府设置的风景名胜区管理机构负责风景名胜区的保护、利用和统一管理工作</td></tr>
<tr><td>保护</td><td colspan="2">在风景名胜区内禁止进行下列活动：①开山、采石、开矿、开荒、修坟立碑等破坏景观、植被和地形地貌的活动；②修建储存爆炸性、易燃性、放射性、毒害性、腐蚀性物品的设施；③在景物或者设施上刻画、涂污；④乱扔垃圾
禁止违反风景名胜区规划，在风景名胜区内设立各类开发区和在核心景区内建设宾馆、招待所、培训中心、疗养院以及与风景名胜资源保护无关的其他建筑物；已经建设的，应当按照风景名胜区规划，逐步迁出
在国家级风景名胜区内修建缆车、索道等重大建设工程，项目的选址方案应当报国务院建设主管部门核准
在风景名胜区内进行下列活动，应当经风景名胜区管理机构审核后，依照有关法律、法规的规定报有关主管部门批准：①设置、张贴商业广告；②举办大型游乐等活动；③改变水资源、水环境自然状态的活动；④其他影响生态和景观的活动
风景名胜区内的建设项目应当符合风景名胜区规划，并与景观相协调，不得破坏景观、污染环境、妨碍游览</td></tr>
<tr><td>利用和
管理制度</td><td colspan="2">禁止超过允许容量接纳游客和在没有安全保障的区域开展游览活动；风景名胜区的门票收入和风景名胜资源有偿使用费，实行收支两条线管理；风景名胜区管理机构不得从事以营利为目的的经营活动，不得将规划、管理和监督等行政管理职能委托给企业或者个人行使； 风景名胜区管理机构的工作人员，不得在风景名胜区内的企业兼职</td></tr>
</table>

2. 自然保护区有关知识点。

知识点	**内容**
等级	国家级自然保护区；地方级自然保护区

<table>
<tr><td>分区</td><td colspan="2">核心区：该区域禁止任何单位和个人进入；非经省级以上人民政府有关自然保护区行政管理部门批准，也不允许进入从事科学研究活动
缓冲区：在核心区外划定的一定面积的区域。这里只准进入从事科学研究观测活动
实验区：指缓冲区的外围区域。这里可以进入从事科学实验、教学实习、参观考察、旅游，以及驯化、繁殖珍稀及濒危野生动植物等活动</td></tr>
<tr><td rowspan="2">管理机构</td><td rowspan="2">综合管理与分部门管理相结合的管理体制</td><td>综合管理：国务院环境保护行政主管部门负责</td></tr>
<tr><td>部门管理：国务院林业、农业、地质矿产、水利、海洋等有关行政主管部门在各自的职责范围内，主管有关的自然保护区</td></tr>
<tr><td>管理规定</td><td colspan="2">禁止在自然保护区内进行砍伐、放牧、狩猎、捕捞、采药、开垦、烧荒、开矿、采石、挖沙等活动，但法律、行政法规另有规定的除外；禁止在自然保护区的缓冲区开展旅游和生产经营活动，因教学科研需要进入缓冲区内进行工作的，须经保护区管理机构批准。在自然保护区的核心区和缓冲区内，不得建设任何生产设施。在自然保护区的实验区内，不得建设污染环境、破坏环境或者景观的生产设施。在自然保护区的实验区经批准开展旅游、参观活动的，应当服从自然保护区管理机构的管理。外国人进入地方级自然保护区的，接待单位应事先报经省、自治区、直辖市人民政府有关自然保护区行政主管部门批准；外国人进入国家级自然保护区的，接待单位应报经国务院有关自然保护区行政主管部门批准。进入自然保护区的外国人，应当遵守有关自然保护区的法律、法规和规定</td></tr>
</table>

3. 文物保护的有关知识点。

知识点	内容
文物保护管理的原则	保护为主、抢救第一、合理利用、加强管理；一切文物均受法律保护；保护、开发、利用时不得改变文物的原状；珍贵文物严禁出口，馆藏文物禁止出卖，散存文物统一管理
民间收藏文物的取得	文物收藏单位以外的公民、法人和其他组织可以收藏通过下列方式取得的文物：依法继承或者接受赠予；从文物商店购买；从经营文物拍卖的拍卖企业购买；公民个人合法所有的文物相互交换或者依法转让；国家规定的其他合法方式
文物出境管理	文物出境，应当经国务院文物行政部门制定的文物进出境审核机构审核。经审核允许出境的文物，由国务院文物行政部门发给文物出境许可证，从国务院文物行政部门指定的口岸出境；任何单位或者个人运送、邮寄、携带文物出境，应当向海关申报，海关凭文物出境许可证放行；文物出境展览，应当报国务院文物行政部门批准；一级文物超过规定数量的，应当报国务院批准；一级文物中的孤品和易损品，禁止出境展览。文物出境展览，由文物进出境审核机构审核登记。海关凭国务院文物行政部门或者国务院的批准文件放行。出境展览的文物复运入境，由原文物进出境审核机构审核查验；国有文物、非国有文物中的珍贵文物和国家规定禁止出境的其他文物不得出境，但是依照本法规定出境展览或者因特殊需要经国务院批准出境的除外

文物保护单位的级别	全国重点文物保护单位 省级文物保护单位 市、县级文物保护单位

4. 保护世界遗产的有关知识点。

知识点	内容	
文化遗产	文物	从历史、艺术或科学角度看，具有突出的、普遍价值的建筑物及碑雕和碑画，具有考古性质成分或结构、铭文、窟洞以及联合体
	建筑群	从历史、艺术或科学角度看，在建筑式样、分布均匀或与环境景色结合方面，具有突出的、普遍价值的单立或连接的建筑群
	遗址	从历史、审美、人种学或人类学角度看，具有突出的、普遍价值的人类工程或自然与人工联合工程以及考古地址等地方
自然遗产	从美学或者科学角度看，具有突出的、普遍价值的物质和生物结构或这类结构群组成的自然景观；从科学或保护角度看，具有突出的、普遍价值的地质和自然地理结构以及明确划为受威胁的动物和植物生境区；从科学、保护或自然美角度看，具有突出的、普遍价值的天然名胜或明确划分的自然区域	
国家保护和国际保护	通过一项旨在使文化和自然遗产在社会生活中起一定作用并把遗产保护纳入全面规划计划的总政策；如本国内尚未建立负责文化和自然遗产的保护、保存和展出的机构，则建立一个或几个此类机构，配备适当的工作人员和为履行其职能所需的手段；发展科学和技术研究，并制订出能够抵抗威胁该国文化或自然遗产的危险的实际方法；采取为确定、保护、保存、展出和恢复这类遗产所需的适当的法律、科学、技术、行政和财政措施；促进建立或发展有关保护、保存和展出文化和自然遗产的国家或地区培训中心，并鼓励这方面的科学研究	
	整个国际社会有责任合作予以保护；缔约国根据本公约的规定，应有关国家的要求，帮助该国确定、保护、保存和展出文化和自然遗产；本公约各缔约国不得故意采取任何可能直接或间接损害本公约其他缔约国领土的文化和自然遗产的措施	

旅游投诉规章制度

★了解旅游纠纷及其特点。

★熟悉《旅游投诉处理办法》关于旅游投诉及其构成要件。

★掌握投诉案件的受理和处理的规定。

★熟悉《消费者权益保护法》关于争议的解决的规定。

★了解《最高人民法院关于审理旅游纠纷案件适用法律若干问题的规定》。

1. 旅游纠纷的特征及解决的主要途径。

特征	解决的主要途径
主体多元化 内容复杂化 跨地域化 法律性质明确	双方协商和解 第三人调解 投诉 仲裁 诉讼

2. 旅游投诉的范围。

旅游投诉的范围	不属于旅游投诉的范围
认为旅游经营者违反合同约定的；因旅游经营者的责任致使投诉人人身、财产受到损害的；因不可抗力、意外事故致使旅游合同不能履行或者不能完全履行，投诉人与被投诉人发生争议的；其他损害旅游者合法权益的	人民法院、仲裁机构、其他行政管理部门或者社会调解机构已经受理或者处理的；旅游投诉处理机构已经做出处理，且没有新情况、新理由的；不属于旅游投诉处理机构职责范围或者管辖范围的；超过旅游合同结束之日90天的；不符合旅游投诉受理条件的；《旅游投诉处理办法》规定情形之外的其他经济纠纷

3. 旅游投诉管理。

处理机构	各级旅游质量监督管理所（以下简称“质监所”）和旅游执法队
管辖	级别管辖、地域管辖、移送管辖和指定管辖。地域管辖有3个管辖标准，即旅游投诉由旅游合同签订地或者被投诉人所在地县级以上地方旅游投诉处理机构管辖；需要立即制止、纠正被投诉人的损害行为的，应当由损害行为发生地旅游投诉处理机构管辖
投诉的条件	投诉人与投诉事项有直接利害关系，按规定委托他人投诉的除外；有明确的被投诉人，具体的投诉请求、事实和理由；符合旅游投诉的范围
投诉时效	期限为90天，从投诉人知道或应当知道权利被侵害时起算

<table>
<tr><td>投诉的形式</td><td colspan="2">书面形式、口头形式</td></tr>
<tr><td>共同投诉</td><td colspan="2">投诉人4 人以上，以同一事由投诉同一被投诉人</td></tr>
<tr><td>受理期限</td><td colspan="2">在5个工作日内</td></tr>
<tr><td rowspan="7">处理</td><td colspan="2">立案办理</td></tr>
<tr><td rowspan="2">通知被投诉人进行书面答复</td><td>受理投诉之日起5个工作日内，将《旅游投诉受理通知书》和投诉书（副本）送达被投诉人</td></tr>
<tr><td>被投诉人应当在接到通知之日起10日内做出书面答复：被投诉事由；调查核实过程；基本事实与证据；责任及处理意见</td></tr>
<tr><td colspan="2">进行审查</td></tr>
<tr><td colspan="2">组织调解</td></tr>
<tr><td colspan="2">做出处理决定：在受理旅游投诉之日起60日内</td></tr>
<tr><td colspan="2">执行处理决定</td></tr>
</table>

4. 执行处理决定。

旅游投诉处理机构处理投诉案件后，投诉人或被投诉人对旅游投诉处理机构做出的处理决定或行政处罚决定不服的，可以直接向人民法院起诉，也可以在接到处理决定通知书之日起 15 日内，向处理机关的上一级旅游投诉处理机构申请复议（旅游投诉处理机构处理复议投诉案件，须符合《中华人民共和国行政复议法》的规定）；对复议决定不服的，可以在接到复议决定之日起 15 日内，向人民法院起诉。逾期不申请复议，也不向人民法院起诉，又不履行处理决定和处罚决定的，由做出决定的投诉处理机构申请人民法院强制执行或者依法强制执行。

5.《消费者权益保护法》关于争议解决的规定。

（1）解决途径：与经营者协商和解；请求消费者协会或者依法成立的其他调解组织调解；向有关行政部门投诉；根据与经营者达成的仲裁协议提请仲裁机构仲裁；向人民法院提起诉讼。

（2）赔偿主体及赔偿程序。

权益受损	赔偿主体
购买、使用商品时	销售者赔偿。属于生产者的责任或属于向销售者提供商品的其他销售者的责任，销售者赔偿后，有权向生产者或者其他销售者追偿
因商品缺陷	销售者或生产者赔偿
原企业分立、合并	变更后承受其权利、义务的企业赔偿
使用他人营业执照的违法经营者提供商品或服务时	可以向违法经营者要求赔偿，也可以向营业执照持有人要求赔偿
展销会、租赁柜台购买商品或者接受服务	销售者或者服务者赔偿。展销会结束或者柜台租赁期满后，也可以向展销会的举办者、柜台出租者要求赔偿。展销会的举办者、柜台的出租者赔偿后，有权向销售者或者服务者追偿
通过网络交易平台购买商品或者接受服务	销售者或者服务者赔偿。网络交易平台提供者不能提供销售者或者服务者的真实名称、地址和有效联系方式的，消费者也可以向网络交易平台提供者要求赔偿；网络交易平台提供者做出更有利于消费者的承诺的，应当履行承诺。网络交易平台提供者赔偿后，有权向销售者或者服务者追偿。网络交易平台提供者明知或应知销售者或服务者利用其平台侵害消费者权益，未采取必要措施的，依法与该销售者或服务者承担连带责任
经营者利用虚假广告提供商品或者服务	经营者赔偿。广告的经营者不能提供经营者真实名称、地址的，应承担赔偿责任
广告经营者、发布者设计、制作、发布关系消费者生命健康商品或者服务的虚假广告	广告经营者、发布者与商品或者服务的经营者承担连带责任
社会团体或者其他组织、个人在关系消费者生命健康商品或者服务的虚假广告或者其他虚假宣传中向消费者推荐商品或者服务	社会团体或者组织、个人与提供该商品或者服务的经营者承担连带责任

6. 最高人民法院《关于审理旅游纠纷案件适用法律若干问题的规定》的主要内容。

（1）人民法院应予受理的旅游纠纷。

①以单位、家庭等集体形式与旅游经营者订立旅游合同，在履行过程中发生纠纷，

除集体以合同一方当事人名义起诉外，旅游者个人提起旅游合同纠纷诉讼的。

②旅游经营者委托除旅游目的地受委托的旅游经营者以外的人从事旅游业务，发生旅游纠纷，旅游者起诉旅游经营者的。

（2）人民法院可追加或列为第三人的旅游纠纷。

①因旅游辅助服务者的原因导致旅游经营者违约，旅游者仅起诉旅游经营者的，人民法院可以将旅游辅助服务者追加为第三人。

②旅游经营者已投保责任险，旅游者因保险责任事故仅起诉旅游经营者的，人民法院可以应当事人的请求将保险公司列为第三人。

（3）人民法院应予支持的诉求。

①旅游经营者以格式合同、通知、声明、告示等方式做出对旅游者不公平、不合理的规定，或者减轻、免除其损害旅游者合法权益的责任，旅游者请求依据《消费者权益保护法》第二十四条的规定认定该内容无效的。

②旅游经营者、旅游辅助服务者未尽到安全保障义务，造成旅游者人身损害、财产损失，旅游者请求旅游经营者、旅游辅助服务者承担责任的。

③因第三人的行为造成旅游者人身损害、财产损失，由第三人承担责任;旅游经营者、旅游辅助服务者未尽安全保障义务，旅游者请求其承担相应补充责任的。

④旅游经营者、旅游辅助服务者对可能危及旅游者人身、财产安全的旅游项目未履行告知、警示义务，造成旅游者人身损害、财产损失，旅游者请求旅游经营者、旅游辅助服务者承担责任的。

⑤旅游经营者、旅游辅助服务者泄露旅游者个人信息或者未经旅游者同意公开其个人信息，旅游者请求其承担相应责任的。

⑥旅游经营者将旅游业务转让给其他旅游经营者，旅游者不同意转让，请求解除旅游合同、追究旅游经营者违约责任的。

⑦旅游经营者擅自将其旅游业务转让给其他旅游经营者，旅游者在旅游过程中遭受损害，请求与其签订旅游合同的旅游经营者和实际提供旅游服务的旅游经营者承担连带责任的。

⑧除合同性质不宜转让或者合同另有约定之外，在旅游行程开始前的合理期间内，旅游者将其在旅游合同中的权利义务转让给第三人，请求确认转让合同效力的。

⑨在旅游行程开始前的合理期间内，旅游者将其在旅游合同中的权利、义务转让给

第三人，旅游经营者请求旅游者、第三人给付增加的费用或者旅游者请求旅游经营者退还减少的费用的。

⑩ 旅游行程开始前或者进行中，因旅游者单方解除合同，旅游者请求旅游经营者退还尚未实际发生的费用，或者旅游经营者请求旅游者支付合理费用的。

⑪ 因不可抗力等不可归责于旅游经营者、旅游辅助服务者的客观原因导致旅游合同无法履行，旅游经营者、旅游者请求解除旅游合同的，以及旅游者请求旅游经营者退还尚未实际发生的费用的。

⑫ 因不可抗力等不可归责于旅游经营者、旅游辅助服务者的客观原因变更旅游行程，在征得旅游者同意后，旅游经营者请求旅游者分担因此增加的旅游费用或旅游者请求旅游经营者退还因此减少的旅游费用的。

⑬ 因旅游辅助服务者的原因造成旅游者人身损害、财产损失，旅游者选择请求旅游辅助服务者承担侵权责任的。

⑭ 旅游经营者对旅游辅助服务者未尽谨慎选择义务，旅游者请求旅游经营者承担相应补充责任的。

⑮ 签订旅游合同的旅游经营者将其部分旅游业务委托旅游目的地的旅游经营者，因受托方未尽旅游合同义务，旅游者在旅游过程中受到损害，要求做出委托的旅游经营者承担赔偿责任的。

⑯ 旅游经营者准许他人挂靠其名下从事旅游业务，造成旅游者人身损害、财产损失，旅游者请求旅游经营者与挂靠人承担连带责任的。

⑰ 旅游经营者违反合同约定，有擅自改变旅游行程、遗漏旅游景点、减少旅游服务项目、降低旅游服务标准等行为，旅游者请求旅游经营者赔偿未完成约定旅游服务项目等合理费用的。

⑱ 旅游经营者提供服务时有欺诈行为，旅游者请求旅游经营者双倍赔偿其遭受的损失的。

⑲ 因飞机、火车、班轮、城际客运班车等公共客运交通工具延误，导致合同不能按照约定履行，旅游者请求旅游经营者退还未实际发生的费用的。

⑳ 旅游者在自行安排活动期间遭受人身损害、财产损失，旅游经营者未尽到必要的提示义务、救助义务，旅游者请求旅游经营者承担相应责任的。

㉑ 旅游经营者或者旅游辅助服务者为旅游者代管的行李物品损毁、灭失，旅游者请

求赔偿损失的。

㉒ 旅游者要求旅游经营者返还下列费用：

一是因拒绝旅游经营者安排的购物活动或者另行付费的项目被增收的费用。

二是在同一旅游行程中，旅游经营者提供相同服务，因旅游者的年龄、职业等差异而增收的费用。

㉓ 旅游经营者因过错致其代办的手续、证件存在瑕疵，或者未尽妥善保管义务而遗失、毁损，旅游者请求旅游经营者补办或者协助补办相关手续、证件并承担相应费用的；或因上述行为影响旅游行程，旅游者请求旅游经营者退还尚未发生的费用、赔偿损失的。

㉔ 旅游经营者事先设计，并以确定的总价提供交通、住宿、游览等一项或者多项服务，不提供导游和领队服务，由旅游者自行安排游览行程的旅游过程中，旅游经营者提供的服务不符合合同约定，侵害旅游者合法权益，旅游者请求旅游经营者承担相应责任的。

（4）人民法院不予支持的诉求。

①旅游者未按旅游经营者、旅游辅助服务者的要求提供与旅游活动相关的个人健康信息并履行如实告知义务，或者不听从旅游经营者、旅游辅助服务者的告知、警示，参加不适合自身条件的旅游活动，导致旅游过程中出现人身损害、财产损失，旅游者请求旅游经营者、旅游辅助服务者承担责任的。

②因不可抗力等不可归责于旅游经营者、旅游辅助服务者的客观原因导致旅游合同无法履行，旅游经营者、旅游者请求对方承担违约责任的。

③旅游者在旅游行程中未经导游或者领队许可，故意脱离团队，遭受人身损害、财产损失，请求旅游经营者赔偿损失的。

④旅游者提起违约之诉，主张精神损害赔偿的，人民法院应告知其变更为侵权之诉；旅游者仍坚持提起违约之诉的，对于其精神损害赔偿的主张。

⑤旅游经营者或者旅游辅助服务者为旅游者代管的行李物品损毁、灭失，下列情形不予支持：

一是损失是由于旅游者未听从旅游经营者或者旅游辅助服务者的事先声明或者提示，未将现金、有价证券、贵重物品由其随身携带而造成的。

二是损失是由于不可抗力、意外事件造成的。

三是损失是由于旅游者的过错造成的。

四是损失是由于物品的自然属性造成的。

第二编　章节模拟题集锦

《中华人民共和国宪法》

一、单项选择题

1. 我国现行宪法于______由第五届全国人民代表大会第五次会议通过。

A.1982 年 12 月 4 日　　B.1988 年 3 月 12 日

C.1988 年 12 月 4 日　　D.2004 年 3 月 12 日

2. 现行《宪法》规定，中华人民共和国的根本制度是______。

A. 社会主义制度　　B. 民主集中制

C. 人民民主专政制度　　D. 人民代表大会制度

3. 现行《宪法》规定，中华人民共和国的一切权力属于______。

A. 人民　　B. 工人阶级

C. 全国人民代表大会　　D. 国务院

4. 现行《宪法》规定，中华人民共和国的国家机构实行______的原则。

A. 三权分立　　B. 民主集中制

C. 人民民主专政　　D. 选举

5. 中华人民共和国的政权组织形式是______。

A. 社会主义制度　　B. 人民代表大会制度

C. 选举制度　　D. 民主集中制

6. 现行《宪法》规定，我国最高权力机关是______。

A. 国务院　　B. 中华人民共和国主席

C. 全国人民代表大会　　D. 中国共产党中央委员会

7. 现行《宪法》规定，______是国家的法律监督机关。

A. 人民检察院　　B. 人民法院　　C. 公安机关　　D. 人民代表大会

8. 现行《宪法》规定，我国最高审判机关是______。

A. 高级人民法院　　B. 高级人民检察院

C. 最高人民法院　　D. 最高人民检察院

9. 现行《宪法》规定，______是最高国家行政机关。

A. 国务院　　B. 中华人民共和国主席

C. 全国人民代表大会　　D. 中国共产党中央委员会

10. 我国的基本经济制度是______。

A. 社会主义公有制

B. 以按劳分配为主体、多种分配方式并存

C. 社会主义市场经济体制

D. 以公有制为主体、多种所有制经济共同发展

11. 社会主义市场经济制度的基础是______。

A. 生产资料的社会主义公有制

B. 以公有制为主体、多种所有制经济共同发展

C. 按劳分配为主体、多种分配方式并存

D. 社会主义市场经济体制

12. 现行《宪法》规定，国家鼓励、支持和引导非公有制经济的发展，并对非公有制经济依法实行______。

A. 限制和管理　　B. 监督和清理

C. 监督和管理　　D. 引导和规范

13. 现行《宪法》规定，宪法的修改，由全国人民代表大会常务委员会或者______以上的全国人民代表大会代表提议，并由全国人民代表大会以全体代表的______以上的多数通过。

A. 1/5　2/3　　B. 1/4　2/3

C. 1/3　1/2　　D. 2/3　2/3

14. 全国人民代表大会每届任期______年。

A. 3　　B. 4　　C. 5　　D. 8

15. 现行《宪法》规定，中华人民共和国年满______周岁的公民，都有选举权和被选举权；但是依照法律被剥夺政治权利的人除外。

A. 14　　B. 16　　C. 18　　D. 20

16. 现行《宪法》规定，公民的通信自由和通信秘密受法律保护，这一内容体现了公民的______。

A. 人身自由权利　　B. 政治权利

C. 经济权利　　D. 平等权利

17. 游客小赵在某超市购物时，被怀疑盗窃了该超市商品，超市保安搜查了小赵的身体及其携带的物品。根据《宪法》规定，该超市侵犯了小赵的______。

A. 政治权利　　B. 人身自由不受侵犯权

C. 人格尊严不受侵犯权　　D. 经济权利

18. 现行《宪法》规定，中华人民共和国______有休息的权利。

A. 公民　　B. 人民　　C. 劳动者　　D. 工人

19. 现行《宪法》规定，任何公民，非经人民检察院批准或者决定或者人民法院决定，并由______执行，不受逮捕。

A. 武警人员　　B. 人民法院　　C. 人民解放军　　D. 公安机关

20. 现行《宪法》规定，中华人民共和国国歌是______。

A.《歌唱祖国》　　B.《前进！前进！》

C.《五星红旗迎风飘扬》　　D.《义勇军进行曲》

二、多项选择题

1. 我国国家机构包括______。

A. 国家权力机关　　B. 中华人民共和国主席

C. 国家行政机关　　D. 国家军事机关

E. 国家审判机关和检察机关

2. 现行《宪法》规定，国家保障各少数民族的合法的权力和利益，维护和发展各民族的______关系。

A. 公平　　B. 平等　　C. 和谐　　D. 团结　　E. 互助

3. 现行《宪法》规定，下列选项中，在我国依法享有选举权的是______。

A. 赵某，25 岁，中国公民，去年因诽谤罪被依法剥夺政治权利 3 年

B. 钱某，19 岁，中国公民，现就读香港中文大学

C. 孙某，40 岁，美籍华人，现居住在上海 2 年

D. 李某，30 岁，中国公民，前年因交通肇事罪被依法判处有期徒刑 3 年缓刑 3 年

E. 周某，65 岁，中国公民，侨居日本已 10 余年

4. 现行《宪法》规定，______是我国公民依法享有的自由。

A. 言论、出版

B. 集会、结社

C. 游行、示威

D. 宗教信仰

E. 维护各民族团结

5. 依据现行《宪法》规定，关于中华人民共和国公民的基本权利和义务，下列说法正确的有______。

A. 公民有受教育的权利和义务

B. 公民有劳动的权利和义务

C. 年满 16 周岁的公民，都有选举权和被选举权

D. 公民有维护国家统一的义务

E. 我国已实施全面二孩政策，夫妻双方已无计划生育的义务

6. 我国《宪法》规定，保护______等特殊主体的权利。

A. 企事业单位

B. 妇女、儿童和老人

C. 华侨、归侨和侨眷

D. 婚姻家庭

E. 失业人员

7. 中华人民共和国公民在______的情况下，有从国家和社会获得物质帮助的权利。

A. 年幼

B. 年老

C. 疾病

D. 失业

E. 丧失劳动能力

8. 政治权利与自由内容包括______。

A. 选举权和被选举权

B. 监督权

C. 获得赔偿权

D. 政治自由

E. 宗教信仰自由

9. 人身自由包括______。

A. 公民的身体不受非法侵犯

B. 人格尊严不受侵犯

C. 住宅不受侵犯
D. 通信自由和通信秘密受法律保护
E. 宗教信仰自由

10. 下列既是公民基本权利，又是公民基本义务的不包括______。

A. 劳动权
B. 休息权
C. 选举权
D. 受教育权
E. 被选举权

依法治国与依法治旅

一、单项选择题

1. 全面推进依法治国，总目标是______。

A. 全面建设小康社会
B. 实现国家的现代化
C. 建设和谐社会
D. 建设中国特色社会主义法治体系，建设社会主义法治国家

2.《中共中央关于全面推进依法治国若干重大问题的决定》提出了建设______法治体系的目标。

A. 三大　B. 四大　C. 五大　D. 六大

3.《中共中央关于全面推进依法治国若干重大问题的决定》提出要建设______法治实施体系。

A. 完备的　B. 高效的　C. 严密的　D. 有力的

4.《中共中央关于全面推进依法治国若干重大问题的决定》提出要建设______法律规范体系。

A. 完备的　B. 高效的　C. 严密的　D. 有力的

5.《中共中央关于全面推进依法治国若干重大问题的决定》提出要建设______法治保障体系。

A. 完备的　B. 高效的　C. 严密的　D. 有力的

6.《中共中央关于全面推进依法治国若干重大问题的决定》提出了依法治国的________任务。

A. 三大　　B. 四大　　C. 五大　　D. 六大

7.《中共中央关于全面推进依法治国若干重大问题的决定》提出，要完善以________为核心的中国特色社会主义法律体系。

A.《旅游法》　　B.《刑法》　　C.《民法》　　D.《宪法》

8.《中共中央关于全面推进依法治国若干重大问题的决定》将每年________定为国家宪法日。

A. 4 月 12 日　　B. 10 月 4 日　　C. 2 月 14 日　　D. 12 月 4 日

9. 法律的权威源自______。

A. 实施　　B. 人民的内心拥护和真诚信仰

C. 司法公正　　D. 良法

10. ______是新时期旅游业发展的重要标志。

A. 休闲度假　　B. 出境旅游　　C. 依法治旅　　D. 生态旅游

二、多项选择题

1.《中共中央关于全面推进依法治国若干重大问题的决定》用“三个事关”阐述依法治国的重要性。这“三个事关”包括______。

A. 事关我们党执政兴国　　B. 事关人民幸福安康

C. 事关经济快速发展　　D. 事关党和国家长治久安

E. 事关祖国统一大业

2. 依法治国的五大体系包括______。

A. 完备的法律规范体系　　B. 高效的法治实施体系

C. 严密的法治监督体系　　D. 有力的旅游法规体系

E. 完善的党内法规体系

3. 依法治国的六大任务包括______。

A. 深入推进依法行政，加快建设法治政府

B. 保证公正司法，提高司法公信力

C. 增强全民法治观念，推进法治社会建设

D. 加强法治工作队伍建设

E. 扎实推进旅游行业的依法行政

4. 根据《中共中央关于全面推进依法治国若干重大问题的决定》，下列说法正确的有______。

A. 法律是治国之重器，良法是善治之前提

B. 法律的生命力在于实施，法律的权威在于公正

C. 公正是法治的生命线

D. 法律的权威源自人民的内心拥护和真诚信仰

E. 立法是法治的生命线

5. 要增强全民法治观念，推进法治社会建设，下列说法正确的有______。

A. 深入开展法治宣传教育 B. 完善立法体制

C. 增强法治的道德底蕴 D. 加强公民道德建设

E. 加强社会诚信建设

旅游政策

一、单项选择题

1.《国务院关于加快发展旅游业的意见》提出，要把旅游业培育成______现代服务业。

A. 国民经济的战略性先导产业和人民群众全部满意的

B. 国民经济的战略性支柱产业和人民群众全部满意的

C. 国民经济的前瞻性支柱产业和人民群众更加满意的

D. 国民经济的战略性支柱产业和人民群众更加满意的

2.《国务院关于加快发展旅游业的意见》提出，坚持以________为重点，积极发展______，有序发展______。

A. 入境旅游 国内旅游 出境旅游

B. 国内旅游 入境旅游 出境旅游

C. 出境旅游 入境旅游 国内旅游

D. 国内旅游　出境旅游　入境旅游

3.《国务院关于促进旅游业改革发展的若干意见》提出，以转型升级、提质增效为主线，推动旅游产品向______转变，满足多样化、多层次的旅游消费需求。

A. 观光为主，兼顾休闲、度假　　B. 休闲为主，观光、度假为辅

C. 度假为主，观光、休闲为辅　　D. 观光、休闲、度假并重

4.《国务院关于促进旅游业改革发展的若干意见》提出，到______年，境内旅游总消费额达到 5.5 万亿元，城乡居民年人均出游 4.5 次，旅游业增加值占国内生产总值的比重超过 5%。

A.2016　B.2018　C.2020　D.2022

5.《国务院关于促进旅游业改革发展的若干意见》提出，推动符合规定条件的对外开放口岸开展外国人签证业务，逐步优化、完善外国人______小时过境免签政策。

A.96　B.72　C.48　D.24

6.《国务院关于促进旅游业改革发展的若干意见》提出，大力发展老年旅游，下列不符合政策的是______。

A. 严格执行无障碍环境建设标准，适当配备老年人、残疾人出行辅助器具

B. 鼓励地方和企业针对老年旅游推出经济实惠的旅游产品和优惠措施

C. 开发适合老年人消费的特色购物项目

D. 旅游景区门票针对老年人的优惠措施要打破户籍限制

7.______年 2 月 2 日，国务院办公厅印发了《国民旅游休闲纲要（2013—2020 年）》。

A.2009　B.2012　C.2013　D.2014

8. 下列文件的发文时间按先后排序，正确的一组是______。

①《国务院关于加快发展旅游业的意见》

②《国务院关于促进旅游业改革发展的若干意见》

③《国民旅游休闲纲要（2013—2020 年）》

④《关于进一步促进旅游投资和消费的若干意见》

A. ①②③④　　B. ①③②④

C. ①④②③　　D. ③①②④

9.《国民旅游休闲纲要（2013—2020 年）》提出到______年，职工带薪年休假制度基

本得到落实。

A.2015　　B.2017　　C.2018　　D.2020

10.《国民旅游休闲纲要（2013—2020 年）》提出，要把国民旅游休闲纳入各级______，以及相关行业和部门的发展规划。

A. 旅游发展规划　　B. 国民经济和社会发展规划

C. 环境保护规划　　D. 城乡规划

11.《国民旅游休闲纲要（2013—2020 年）》提出，要大力推广______的旅游休闲理念。

A. 健康、文明、环保　　B. 健康、文明、绿色

C. 自由、休闲、环保　　D. 卫生、文明、绿色

12.《国民旅游休闲纲要（2013—2020 年）》是______印发的。

A. 国家旅游局　　B. 教育部　　C. 国务院办公厅　　D. 中共中央

13.《国民旅游休闲纲要（2013—2020 年）》提出，要坚持以人为本、服务民生、______第一、绿色消费的指导思想。

A. 和谐　　B. 安全　　C. 休闲　　D. 体验

14.《国务院关于促进旅游业改革发展的若干意见》提出，利用______等公共资源建设的景区门票以及景区内另行收费的游览场所、交通工具等项目价格要实行政府定价或者政府指导价，体现公益性，严格控制价格上涨。

A. 风景名胜区、自然保护区、自然村落

B. 风景名胜区、自然保护区、城市民居

C. 名山大川、自然保护区、文物保护单位

D. 风景名胜区、自然保护区、文物保护单位

15.《国务院办公厅关于进一步促进旅游投资和消费的若干意见》提出，大力推进旅游厕所建设。到______年实现全国旅游景区、旅游交通沿线、旅游集散地的旅游厕所全部达到数量充足、干净无味、实用免费、管理有效的要求。

A.2017　　B.2018　　C.2020　　D.2022

16.“十三五”期间，旅游业发展要围绕“______、富民、强国”的总体目标，实现“四个翻番”和“六个优化”。

A. 爱国、敬业、诚信、友善　　B. 文明、节能、安全、公正

C. 文明、自由、环保、便利　　　　D. 文明、有序、安全、便利

17. 旅游业“十三五”规划指出，“十三五”期间要实现“四个翻番”：到 2020 年，全国城乡居民人均出游率、旅游消费总额、旅游投资总额、________等指标实现比 2015 年翻一番。

A. 旅游产业规模　　　　B. 旅游就业总量

C. 旅游交易总额　　　　D. 旅游经济总量

18. 旅游业“十三五”规划指出，“十三五”期间要实现“六个优化”：优化旅游发展模式、优化旅游供给体系、______、优化旅游创新体系、优化旅游发展方式。

A. 优化旅游商品体系、优化旅游就业体系

B. 优化旅游市场体系、优化旅游服务体系

C. 优化旅游市场体系、优化旅游商品体系

D. 优化旅游商品体系、优化旅游服务体系

19. 旅游业“十三五”规划提出的旅游业发展“主要任务”包括：创新驱动、协调推进、______和规范提升。

A. 绿色崛起、开放带动、共享发展

B. 经济崛起、改革带动、共享发展

C. 绿色崛起、开放带动、共享发展

D. 经济崛起、改革带动、共享发展

20. 旅游业“十三五”规划提出“共享发展”，是指要着力______。

A. 提升旅游生态文明价值　　　　B. 提升旅游业发展质量

C. 提高人民群众的满意度　　　　D. 推动旅游普惠民生

二、多项选择题

1.《国务院关于促进旅游业改革发展的若干意见》提出，要坚持以人为本，积极营造良好的旅游环境，让广大游客______，在旅游过程中发现美、享受美、传播美。

A. 游得安心　　B. 游得放心　　C. 游得尽心

D. 游得舒心　　E. 游得开心

2.《国务院关于促进旅游业改革发展的若干意见》确定的深化旅游改革的措施包括______。

A. 破除对旅行社跨省设分社、设门市的限制

B. 建立景区门票预约制度，对景区游客进行最大承载量控制

C. 全面推行导游执业自由化

D. 取消边境旅游项目审批

E. 将旅行社经营边境游资格审批和外商投资旅行社业务许可下放至省级旅游部门

3.《国务院关于促进旅游业改革发展的若干意见》提出，大力发展乡村旅游。_______，开发一批形式多样、特色鲜明的乡村旅游产品。

A. 突出电子商务特色

B. 依托当地区位条件、资源特色和市场需求

C. 挖掘文化内涵，发挥生态优势

D. 引入发达地区旅游开发先进模式

E. 突出乡村特点

4.《国务院关于促进旅游业改革发展的若干意见》提出，切实落实职工带薪休假制度。下列说法符合政策的有______。

A. 推动机关、企事业单位加快落实职工带薪年休假制度

B. 鼓励职工结合个人需要和工作实际分段灵活安排带薪年休假

C. 在教学时间总量不变的情况下，高等学校可结合实际调整寒、暑假时间

D. 中小学可按有关规定安排放春假

E. 推动景区对带薪休假职工实行门票减免政策

5.《国民旅游休闲纲要（2013—2020 年）》提出，要落实对______等群体实行减免门票等优惠政策。

A. 未成年人　　B. 高校学生　　C. 老年人

D. 教师　　E. 导游

6. 下列属于《国民旅游休闲纲要（2013—2020 年）》颁布目的的有______。

A. 促进就业

B. 规范旅游市场秩序

C. 推进具有中国特色的国民旅游休闲体系建设

D. 促进旅游休闲产业健康发展

E. 满足人民群众日益增长的旅游休闲需求

7.《国民旅游休闲纲要（2013—2020 年）》的主要任务与措施包括______。

A. 完善国民旅游休闲公共服务　　B. 提升国民旅游休闲服务质量

C. 规范国民旅游休闲市场秩序　　D. 推进国民旅游休闲基础设施建设

E. 保障国民旅游休闲时间

8.《国民旅游休闲纲要（2013—2020 年）》的发展目标是，到 2020 年______。

A. 职工带薪年休假制度基本得到落实

B. 城乡居民旅游休闲消费水平大幅增长

C. 健康、文明、环保的旅游休闲理念成为全社会的共识

D. 国民人均出游 4.5 次

E. 与小康社会相适应的现代国民旅游休闲体系基本建成

9.《国务院办公厅关于进一步促进旅游投资和消费的若干意见》提出，优化休假安排，激发旅游消费需求。下列符合政策的有______。

A. 把落实职工带薪休假制度纳入议事日程

B. 将带薪休假与本地传统节日、地方特色活动相结合，安排错峰休假

C. 根据实际情况，依法优化调整夏季作息安排，为职工周五下午与周末结合外出休闲度假创造有利条件

D. 强制各地中小学安排春假

E. 高等院校要率先施行周五下午休假制度

10.《国务院办公厅关于进一步促进旅游投资和消费的若干意见》提出，积极发展“互联网 + 旅游”。到 2020 年，全国 4A 级以上景区和智慧乡村旅游试点单位实现_______等功能全覆盖。

A. 免费 Wi-Fi（无线局域网）　　B. 智能导游、电子讲解

C. 在线预订　　D. 穹幕影院　　E. 信息推送

《中华人民共和国旅游法》

一、单项选择题

1. 景区应当在醒目位置公示门票价格、另行收费项目的价格及团体收费价格。景区提高门票价格应当提前______个月公布。

A. 1　　B.3　　C.6　　D.12

2.________统筹组织国家旅游形象的境外推广工作，建立旅游形象推广机构和网络，开展旅游国际合作与交流。

A. 国务院　　B. 国务院旅游主管部门

C. 省级以上政府　　D. 省级以上旅游主管部门

3. 县级以上_______和有关部门依照《旅游法》和有关法律、法规的规定，在各自职责范围内对旅游市场实施监督管理。

A. 人民政府　　B. 旅游行政管理部门

C. 工商行政管理部门　　D. 税务行政管理部门

4. 由十二届全国人大常务委员会 2013 年 4 月 25 日通过，自 2013 年 10 月 1 日起施行的是______。

A.《中华人民共和国旅行社法》　　B.《中华人民共和国旅行社条例》

C.《中华人民共和国旅游法》　　D.《中华人民共和国旅行法》

5.《旅游法》已由十二届全国人大常务委员会通过，自______起施行。

A.2013 年 4 月 25 日　　B.2013 年 5 月 1 日

C.2013 年 10 月 1 日　　D.2014 年 1 月 1 日

6.《旅游法》规定，旅游业发展应当遵循社会效益、经济效益和________相统一的原则。

A. 环境效益　　B. 环保效益　　C. 生态效益　　D. 文明效益

7. 利用公共资源建设的游览场所应当体现______性质。

A. 公共　　B. 公开　　C. 公益　　D. 免费

8.______以上地方人民政府旅游部门应当加强对旅游工作的组织和领导，明确相关部门或者机构，对本行政区域的旅游业发展和监督管理进行统筹协调。

A. 省级　B. 市级　C. 县级　D. 乡级

9. 旅游者购买、接受旅游服务时，应向旅游经营者如实告知与旅游活动相关的个人______信息。

A. 社会　B. 健康　C. 经济　D. 职务

10. 利用公共资源建设的景区，不得通过增加另行收费项目等方式变相涨价；另行收费项目已收回投资成本的，应当相应降低价格或者取消______。

A. 收费　B. 门票　C. 项目　D. 营业

11. 景区内的______项目因故暂停向旅游者开放或者停止提供服务的，应当公示并相应减少收费。

A. 大多数　B. 核心游览　C. 免费游览　D. 一般游览

12.______以上地方人民政府统筹组织本地的旅游形象推广工作。

A. 省级　B. 国务院　C. 地市级　D. 县级

13. 旅游主管部门及其工作人员______参与任何形式的旅游经营活动。

A. 符合条件可以　B. 可以　C. 不得　D. 不符合条件可以

14. 监督检查人员少于______或者未出示合法证件的，被检查单位和个人有权拒绝。

A.2 人　B.3 人　C.4 人　D.5 人

15. 对违反《旅游法》规定的旅游经营者及其从业人员，旅游主管部门和有关部门应当记入______，向社会公布。

A. 业务档案　B. 个人档案　C. 信用档案　D. 不良档案

16.《旅游法》适用于在中华人民共和国______的和在境内组织到境外的旅游活动以及为旅游活动提供服务的经营活动。

A. 境内　B. 境外　C. 境内外　D. 境内或境外

17. 公益性的城市公园、博物馆、纪念馆等，除______外，应当逐步免费开放。

A. 重点文物保护单位

B. 国家历史文化名城

C. 重点文物保护单位和珍贵文物收藏单位

D. 历史文化名城和国家历史文化名镇

18. 国家鼓励和支持发展______和培训，提高旅游从业人员素质。

A. 旅游基础教育　　B. 旅游学历教育

C. 旅游职业教育　　D. 旅游成人教育

19. 景区内的核心游览项目因故暂停向旅游者开放或者停止提供服务的，应当______。

A. 举行听证会并相应减少收费

B. 举行听证会并公示

C. 公示并相应减少收费

D. 公示并举行听证会，相应减少收费

20. 以下不属于《旅游法》内容的是______。

A. 旅游规划和促进　　B. 旅游安全

C. 旅游营销　　D. 旅游服务合同

21.______、旅游投诉受理机构和有关调解组织在双方自愿的基础上，依法对旅游者与旅游经营者之间的纠纷进行调解。

A. 旅游协会　　B. 消费者协会

C. 律师协会　　D. 工会

22.《旅游法》共设______。

A.8 章 110 条　　B.8 章 112 条

C.10 章 110 条　　D.10 章 112 条

23. 国务院和省、自治区、直辖市人民政府以及旅游资源丰富的设区的市和县级人民政府，应当按照《国民经济和社会发展规划》的要求，组织编制______。

A. 旅游发展总体规划　　B. 旅游发展规划

C. 旅游业发展总体规划　　D. 旅游产业规划

24. 景区不符合《旅游法》规定的开放条件而接待旅游者的，由景区主管部门责令停业整顿直至符合开放条件，并处______罚款。

A.5000 元以上 5 万元以下　　B. 1 万元以上 10 万元以下

C. 2 万元以上 20 万元以下　　D. 3 万元以上 30 万元以下

25. 旅游者数量可能达到最大承载量时，景区应当______并同时向当地人民政府报告，景区和当地人民政府应当及时采取疏导、分流等措施。

A. 提升门票价格　　B. 实施旅游者流量控制方案

C. 采取门票预约　　D. 提前公告

二、多项选择题

1. 为保障______的合法权益，规范旅游市场秩序，保护和合理利用旅游资源，促进旅游业持续健康发展，制定《旅游法》。

A. 旅游者　　B. 旅游经营者

C. 与旅游业密切相关的政府部门　　D. 涉外旅游组织

E. 旅游行政管理部门

2. 国家倡导______的旅游方式，支持和鼓励各类社会机构开展旅游公益宣传，对促进旅游业发展做出突出贡献的单位和个人给予奖励。

A. 健康　　B. 文明　　C. 环保　　D. 安全　　E. 绿色

3.______等旅游者在旅游活动中依照法律、法规和有关规定享受便利和优惠。

A. 残疾人　　B. 老年人　　C. 妇女　　D. 未成年人　　E. 外国人

4. 景区开放应当______，并听取旅游主管部门的意见。

A. 有必要的旅游配套服务和辅助设施

B. 有必要的安全设施及制度

C. 经过安全风险评估，满足安全条件

D. 有必要的环境保护设施和生态保护措施

E. 景区自行规定的其他条件

5. 根据《中华人民共和国旅游法》的规定，旅游发展规划应当与______相衔接。

A. 土地利用总体规划　　B. 城乡规划

C. 环境保护规划　　D. 商业服务区建设规划

E. 其他自然资源和文物等人文资源的保护和利用规划

6. 旅游者与旅游经营者发生纠纷，可以通过下列______途径解决。

A. 双方协商

B. 向消费者协会、旅游投诉受理机构或者有关调解组织申请调解

C. 根据与旅游经营者达成的仲裁协议提请仲裁机构仲裁

D. 向人民法院提起诉讼

E. 向旅游行政部门投诉

7.________和有关调解组织在双方自愿的基础上，依法对旅游者与旅游经营者之间的纠纷进行调解。

A. 消费者协会　　B. 仲裁委员会

C. 人民法院　　D. 旅游投诉受理机构

E. 导游协会

8.《旅游法》规定，景区在旅游者数量可能达到最大承载量时，未依照本法规定公告或者未向当地人民政府报告，未及时采取疏导、分流等措施，或者超过最大承载量接待旅游者的，由景区主管部门______。

A. 责令改正

B. 没收违法所得

C. 情节严重的，责令停业整顿 1 个月至 6 个月

D. 情节严重的，责令停业整顿 1 个月至 3 个月

E. 情节严重的，处 5000 元以上 5 万元以下罚款

9.《旅游法》规定，旅游者在旅游活动中应当______。

A. 遵守社会公共秩序和社会公德

B. 尊重当地的风俗习惯、文化传统和宗教信仰

C. 爱护旅游资源，保护生态环境

D. 遵守旅游文明行为规范

E. 入乡随俗，适用当地语言交流

10. 在中华人民共和国境内的______等形式的旅游活动以及为旅游活动提供相关服务的经营活动，适用《旅游法》。

A. 游览　　B. 度假　　C. 休闲　　D. 打猎　　E. 开会

11. 利用公共资源建设的景区的门票以及景区内的游览场所、交通工具等另行收费项目，实行______。

A. 自主酌情定价　　B. 阶梯收费价格

C. 政府定价　　D. 政府指导价

E. 严格控制价格上涨

12. 公益性的______等，应当逐步免费开放。

A. 城市公园　B. 博物馆　C. 纪念馆　D. 图书馆　E. 科技馆

13. 景区旅游者数量可能达到最大承载量时，景区应当______。

A. 提前公告　B. 并同时向当地人民政府报告

C. 关闭景区　D. 停止售票

E. 景区和当地人民政府应当及时采取疏导、分流等措施

14. 经营______等高风险旅游项目，应当按照规定取得经营许可。

A. 高空　B. 高速　C. 钓鱼　D. 潜水　E. 探险

15. 旅游者与旅游经营者发生纠纷，旅游者一方人数众多并有共同请求的，可以推选代表人参加______活动。

A. 协商　B. 调解　C. 仲裁　D. 诉讼　E. 谈判

16. 设区的市和县级人民政府有关部门应当根据需要在______设置旅游咨询中心，在景区和通往主要景区的道路设置旅游指示标识。

A. 旅游基础设施　B. 旅游专门设施

C. 交通枢纽　D. 商业中心

E. 旅游者集中场所

17. 国务院和县级以上地方人民政府应当根据实际情况安排资金，加强______。

A. 旅游基础设施建设　B. 旅游公共服务

C. 旅游品牌建设　D. 旅游形象推广

E. 旅游质量提升

18. 根据旅游发展规划，县级以上地方人民政府可以编制重点旅游资源开发利用的专项规划，对特定区域内的______提出专门要求。

A. 旅游项目　B. 文物保护单位

C. 设施　D. 服务功能配套

E. 工程建设

19. 旅游者在旅游活动中或者在解决纠纷时，______。

A. 不得损害当地居民的合法权益

B. 不得干扰他人的旅游活动

C. 不得损害旅游经营者和旅游从业人员的合法权益

D. 不得影响旅游交通工具的安全

E. 不得拒绝、阻碍和隐瞒执法人员了解真实信息

20. 旅游者有权______。

A. 自主选择旅游产品和服务

B. 拒绝旅游经营者的强制交易行为

C. 享受便利和优惠

D. 知悉其购买的旅游产品和服务的真实情况

E. 要求旅游经营者按照约定提供产品和服务

21. 监督检查人员对在监督检查中知悉的被检查单位的______应当依法保密。

A. 商业秘密　　B. 合同、票据

C. 账簿　　D. 个人信息

E. 文件、资料

22. 旅游者______。

A. 购买、接受旅游服务时，应当向旅游经营者如实告知与旅游活动相关的个人健康信息

B. 购买、接受旅游服务时，应当遵守旅游活动中的安全警示规定

C. 对国家应对重大突发事件暂时限制旅游活动的措施以及有关部门、机构或者旅游经营者采取的安全防范和应急处置措施，应当予以配合

D. 违反安全警示规定，依法承担相应责任

E. 绝对服从旅行社及导游的行程安排

23. 旅游经营者，是指______。

A. 旅行社　　B. 履行辅助人　　C. 景区

D. 为旅游者提供交通、住宿、餐饮、购物、娱乐等服务的经营者

E. 旅游行业组织

24. 旅游者在旅游活动中应当______。

A. 遵守社会公共秩序和社会公德

B. 尊重当地的风俗习惯、文化传统和宗教信仰

C. 爱护旅游资源

D. 保护生态环境

E. 按照自己的标准行为处事

25. 规划和建设______等基础设施和公共服务设施，应当兼顾旅游业发展的需要。

A. 交通　　B. 住宿　　C. 供水　　D. 供电　　E. 环保

26. 中国出境旅游者在境外陷于困境时，有权请求我国驻当地机构在其职责范围内给予______。

A. 捐款　　B. 协助　　C. 遣返　　D. 保护　　E. 监管

消费者权益保护法律制度

一、单项选择题

1. 新修订的《消费者权益保护法》的正式实施时间是______。

A. 2013 年 12 月 4 日　　B. 2013 年 10 月 25 日

C. 2014 年 3 月 15 日　　D. 2014 年 1 月 1 日

2. 消费者，是指为______需要，购买、使用商品或者接受服务的个人。

A. 生活消费　　B. 生产消费

C. 生活或生产消费　　D. 生活和生产消费

3. 某消费者装修商品房，与甲装修公司签订了装修合同，装修完工后消费者搬入，发现装修存在瑕疵，根据新《消费者权益保护法》的规定，在消费者接受该装修好的商品房之日起______内由甲装修公司承担有关举证责任。

A.3 个月　　B.6 个月　　C. 1 年　　D.2 年

4. 经营者提供的商品或者服务不符合质量要求的，没有国家规定和当事人约定的，消费者可以自收到商品之日起______内退货。

A.3 日　　B.7 日　　C.15 日　　D.30 日

5. 消费者索要购物凭证、服务单据，经营者______出具。

A. 可以　　B. 不得　　C. 不必　　D. 必须

6. 甲公司售予乙超市一批玻璃质工艺品，称工艺品上的裂痕为抽象花纹，乙超市销售的过程中接到很多消费者投诉，称其花纹实质上是裂痕要求退货并赔偿损失。经查，消费者所述属实。下列答案中不正确的是______。

A. 乙超市应当退换并赔偿损失

B. 乙超市退换并赔偿损失后可向甲公司追偿

C. 乙超市无过错，不应当承担责任

D. 消费者若被花瓶裂缝划伤，可向甲公司直接索赔

7. 消费者协会和其他消费者组织在保护消费者合法权益时对商品和服务实施的是______。

A. 行政监督　　B. 司法监督　　C. 舆论监督　　D. 社会监督

8. 下列店堂告示，______没有违反《消费者权益保护法》。

A. 本店商品一经售出概不退换

B. 特价商品概不退换

C. 如售假药，包赔顾客 1 万元

D. 钱物请当面点清，否则后果自负

9. 经营者采用网络、电视、电话、邮购等方式销售除消费者定做的、鲜活易腐的、在线下载或者消费者拆封的音像制品、计算机软件等数字化商品、交付的报纸期刊以及其他根据商品性质并经消费者在购买时确认不宜退货的商品外，消费者有权自收到商品之日起______内退货，且无须说明理由。

A. 3 日　　B. 7 日　　C. 15 日　　D. 30 日

10. 经营者向消费者提供的商品缺斤短两，侵害了消费者的______。

A. 知情权　　B. 受尊重权　　C. 自主选择权　　D. 公平交易权

11. 一位衣着破旧的消费者在商场看重一块价值 3 万多元的名牌手表，要求售货员拿过来看一下。售货员不但不拿，还对其冷嘲热讽。售货员的这种行为侵害了消费者的______。

A. 知情权　　B. 受尊重权　　C. 获得有关知识权　　D. 公平交易权

12. 因商品存在质量问题，某消费者向商家提出赔偿要求，但遭到商家的拒绝。商家

的这种行为侵害了消费者的______。

A. 求偿权　B. 受尊重权　C. 安全保障权　D. 公平交易权

13. 下列______需要向消费者提供经营地址、联系方式、商品或者服务的数量和质量、价款或者费用、履行期限和方式、安全注意事项和风险警示、售后服务、民事责任等信息。

A. 采用网络、电视、电话、邮购等方式提供商品或服务的经营者

B. 某大型商场

C. 某网吧经营户

D. 某农贸市场经营户

14. 某商场发现其销售的一款电磁炉存在缺陷，有可能危及人身、财产安全，其正确的做法是______。

A. 继续降价销售

B. 由消费者承担必要费用的则予以召回

C. 只是在商场门口贴出告示，要求消费者注意

D. 立即向有关行政部门报告和告知消费者，并采取停止销售、警示、召回、无害化处理、销毁等措施

15. 甲消费者到某4S店购买一辆小轿车，在购车时登记了其姓名、住址、电话等个人信息，4S店为宣传该款车的销量，在对外广告时擅自使用了甲消费者的个人信息，该4S店侵犯了消费者的______。

A. 公平交易的权利

B. 在购买、使用商品和接受服务时享有人身、财产安全不受损害的权利

C. 自主选择商品或服务的权利

D. 个人信息依法得到保护权

16. 国家制定有关消费者权益的法律、法规、规章和强制性标准，应当听取______的意见。

A. 经营者　B. 经营者和消费者

C. 消费者　D. 消费者和消费者协会等组织

17. 甲从A商场购买了一台假冒产地的电吹风，价格为100元，甲要求该商场赔偿，根据新《消费者权益保护法》的规定，甲依法可以获得增加的赔偿金额为______。

A.100 元　　B.200 元　　C.300 元　　D.500 元

18. 某甲从 A 商场购得某品牌高压锅一个，A 商场明知该品牌高压锅在 1 个月前发生了爆炸事故，但由于未有人员伤亡，后由厂家予以赔偿了事，但 A 商场仍然继续销售给某甲，后某甲在使用过程中，又发生爆炸事故，造成某甲邻居家小孩被炸伤。下列______是正确的。

A. 某甲邻居小孩不是消费者，不适用新《消费者权益保护法》

B. 对邻居小孩的赔偿，应当由某甲、A 商场或生产商共同赔偿

C. 对某甲及邻居小孩，应由 A 商场或生产商按照新《消费者权益保护法》赔偿实际损失，某甲和邻居小孩还有权要求赔偿损失的 2 倍以下的惩罚性赔偿

D. 对某甲及邻居小孩，应由 A 商场或生产商按照新《消费者权益保护法》赔偿实际损失，某甲和邻居小孩还有权要求赔偿损失的 1 倍以下的惩罚性赔偿

19. 下列属于《消费者权益保护法》调整范围的是______。

A. 某服装厂为生产加工服装需要向中国轻纺城市场经营户采购布匹产生的纠纷

B. 某甲消费者为了经营需要向 A 批发市场经营户采购一批窗帘发生的纠纷

C. 某淘宝店主与快递公司产生的纠纷

D. 某农户从生产资料商店购得化肥 2 包产生的纠纷

20. 小王在某手机店挑选手机，挑选了将近一个小时，但最后觉得没有一款适合自己的，打算离开，但该手机店店员拦住他，要求其购买一部。该店员的行为侵犯了小王的______。

A. 公平交易权　　B. 自主选择权

C. 安全权　　D. 知情权

二、多项选择题

1. 某消费者从淘宝商家购得商品一件，感觉不划算，想退货，根据新《消费者权益保护法》的规定，下列哪些商品不能在 7 天以内无理由退货______。

A. 消费者让该淘宝商家定做了一套沙发

B. 一盒麦当劳快餐

C. 一份 2014 年 3 月 15 日的《中国消费者报》

D. 座式电话机一台

E. 旅游法律法规教学软件

2. 消费者协会的公益职责下列说法正确的是______。

A. 向消费者提供消费信息和咨询服务，提高消费者维权能力，引导正确的消费方式

B. 参与制定有关法律

C. 受理消费者投诉，并对投诉事项进行调查、调解

D. 支持受损害的商家提起诉讼

E. 对损害消费者合法权益的行为，通过大众传播媒介予以揭露、批评

3. 消费者有权要求经营者提供商品的______。

A. 产地　　B. 生产日期　　C. 检验合格证明　　D. 秘密配方　　E. 用途

4. 消费者在购买、使用商品的时候，享有______的权利。

A. 自主选择　　B. 没收经营者的不合格商品

C. 索要购货凭证　　D. 公平交易

E. 获得有关知识

5. 消费者协会不得______。

A. 从事商品经营活动

B. 不得从事营利性服务

C. 开展宣传活动

D. 以牟利为目的向消费者推荐商品和服务

E. 参与有关行政部门对商品和服务的监督、检查

6. 某酒店张贴出一份顾客须知，下列______违反了《消费者权益保护法》。

A. 假一赔十

B. 请消费者注意保管好自己的财物

C. 本店不得自带酒水

D. 本店每桌饭菜最低消费 500 元

E. 免费停车，责任自负

7. 经营者不得______。

A. 对消费者进行侮辱、诽谤

B. 侵犯消费者的人身自由

C. 搜查消费者的身体及携带的物品

D. 拒绝消费者索要服务单据的要求

E. 拒绝消费者强制交易的要求

8. 保护消费者的合法权益是全社会的共同责任，下列监督属于社会监督的是______。

A. 某消费者组织

B. 消费者张三举报经营者侵犯消费者权益行为

C. 某电视台曝光侵犯消费者权益行为

D. 某行政单位对经营者侵犯消费者权益行为的处罚

E. 人民法院对经营者的侵权行为及时进行审理

9. 下列______属于消费者的监督权。

A. 对购买商品的使用说明进行耐心学习

B. 对经营者提供的商品和服务的监督权

C. 对消费者权益的保护工作的监督权

D. 对侵害消费者权益行为的检举、控告权

E. 对消费者权益保护工作的批评、建议权

合同法律制度

一、单项选择题

1.《合同法》规定，合同终止后，当事人应当遵循______原则，根据交易习惯履行通知、协助、保密等义务。

A. 平等　　B. 自愿　　C. 公平　　D. 诚实信用

2.《合同法》调整的是平等主体之间的______关系。

A. 行政　　B. 民事　　C. 刑事　　D. 经济

3. 合同当事人一方不得将自己的意志强加给另一方，这体现了《合同法》的______原则。

A. 平等　　B. 自愿　　C. 公平　　D. 诚信

4. 当合同的内容中缺少______，合同关系无法成立。

A. 标的　B. 质量　C. 价款或报酬　D. 履行的期限

5. 寄送的价目表属于______。

A. 要约　B. 要约邀请　C. 承诺　D. 合同

6. 根据《合同法》第 41 条规定，对格式条款的理解发生争议的，应当按照______予以解释。

A. 有利于对方当事人的理解　B. 有利于格式条款提供者的理解

C. 通常理解　D. 第三人的理解

7. 格式条款和非格式条款不一致的，应当______。

A. 采用格式条款　B. 采用非格式条款

C. 重新订立条款　D. 合同终止

8.《合同法》规定，双方当事人都违反合同的，应当______。

A. 平均分担损失　B. 各自承担自己的损失

C. 都不承担违约责任　D. 各自承担相应的责任

9. 某旅游饭店客房内备有方便面、零食、酒水等供房客食用，价格高于市价。房客王某缺乏住酒店经验，未曾留意标价单，误认为房间里的食物均免费提供，因此食用了房间里的方便面、饮料等食品。结账时酒店欲按标价收费，王某拒付。下列______是正确的。

A. 王某应按标价付款　B. 王某应按市价付款

C. 王某不应付款　D. 王某应支付市价与标价的平均值

10. 导游甲与游客乙发生纠纷，乙将甲打成重伤。甲与乙达成如下协议："乙向甲支付 10 万元封口费，甲不得告发乙。"甲收到 10 万元后，将乙告发，乙终被判刑。下列选项正确的是______。

A. 甲乙之间的合同有效

B. 甲乙所订合同属于可撤销合同

C. 甲乙所订合同属于无效合同

D. 甲乙所订合同属于效力待定合同

11. 在旅游业中，旅游经营者与旅游者之间普遍使用______订立合同。

A. 格式条款　B. 非格式条款

C. 推定形式　D. 口头形式

12. 2013 年 3 月初，太原某小学学生张某等 3 人（年龄最大的刚满 11 周岁）报名参加了甲旅行社组织的“晋祠一日游”，签订书面合同后每人用压岁钱交纳团费 100 元，直到晚上 10 点 3 人回家后，焦急万分的老师与家长才得知他们外出旅游一事。根据《合同法》，该旅游合同应为______。

A. 无效合同　B. 可撤销合同　C. 有效合同　D. 效力待定合同

13. 某旅行社与某酒店约定先住宿后付款。合同签订后，酒店发现旅行社经营状况恶化且有证据证明，根据《合同法》，酒店可以行使的抗辩权是______。

A. 同时履行抗辩权　B. 后履行抗辩权

C. 不安抗辩权　D. 撤销权

14. 当事人订立合同时，履行费用的负担约定不明确的，由______履行。

A. 履行权利一方　B. 履行义务一方

C. 双方各出一半　D. 合同第三人

15. 按照《合同法》规定，执行政府定价或政府指导价的，一方逾期交付标的物时，遇价格下降，按照______执行。

A. 原价格　B. 新价格　C. 双方协商的价格　D. 市场价格

16. 撤销权的行使是在债权人知道或者应当知道撤销事由时起______内。

A. 6 个月　B. 1 年　C. 2 年　D. 3 年

17. ______是指双务合同中应先履行义务的当事人未履行时，对方当事人有权拒绝对方请求履行的权利。

A. 同时履行抗辩权　B. 后履行抗辩权

C. 不安抗辩权　D. 撤销权

18. 某甲的儿子患重病住院，急需用钱又借贷无门，某乙趁机表示愿意借给 2000 元，但半年后须加倍偿还，否则以甲的房子代偿，甲表示同意。根据《合同法》规定，甲、乙之间的借款合同______。

A. 因显失公平而无效　B. 因显失公平而可撤销

C. 因乘人之危而无效　D. 因乘人之危而可撤销

19. 旅游团运作过程中，对某些必须参加项目的费用没有明确规定谁付的时候，______。

A. 费用由旅游团付　　B. 取消该项目

C. 费用由旅行社付　　D. 根据旅游团的意见支付费用

20. 由于航空公司不能提供机票甲旅行社对旅游者违约，______应当向旅游者承担违约责任。

A. 甲旅行社或航空公司　　B. 甲旅行社和航空公司

C. 甲旅行社　　D. 航空公司

21. 下列不属于合同变更的是______。

A. 合同主体变更

B. 合同双方当事人依法对原合同修改或补充

C. 合同内容的变更

D. 合同标的变更

22. 根据我国现行《合同法》规定，合同当事人既约定违约金，又约定定金的，一方违约时，对方可以选择适用______。

A. 违约金条款　　B. 定金条款

C. 违约金和定金条款　　D. 违约金或定金条款

23. 甲在某旅行社要签订一份旅游合同，旅行社对该线路的定价为 1200 元，甲还价为 1000 元。经过讨价还价，甲最终以 1000 元签订该合同。成交时，甲是______。

A. 受要约人　　B. 要约人

C. 受要约人和要约人　　D. 受要约人或要约人

24. 旅游项目及各种服务属于旅游合同的______。

A. 标的　　B. 质量　　C. 数量　　D. 价款

25. 定金的数额由当事人约定，但不得超过主合同标的额的______。

A. 10%　　B. 20%　　C. 30%　　D. 50%

26. 王先生报名参加某旅行社组织的华东双飞 5 日游，出发的前一天，由于临时有事未能成行，王先生决定让其老战友李先生顶替他，关于此事，下列正确的是______。

A. 不可以

B. 可以，但需支付一定的违约金

C. 可以，但需支付一定的违约金并事先通知旅行社

D. 可以，但需事先通知旅行社，而不必支付违约金

27. 某企业在其格式劳动合同中约定：员工在雇佣工作期间的伤残、患病、死亡，企业概不负责。如果员工已在该合同上签字，该合同条款______。

A. 无效

B. 是当事人真实意思的表示，对当事人双方有效

C. 不一定有效

D. 只对一方当事人有效

28.《合同法》第 77 条规定，当事人协商一致，______变更合同。

A. 应当 B. 可以 C. 不得 D. 禁止

29. 在代位权诉讼中，债权人胜诉的，诉讼费由______负担，从实现的债权中优先支付。

A. 债权人 B. 次债权人 C. 债务人 D. 次债务人

30. 提存，是指由于债权人的原因，债务人无法向其交付合同标的物而将该标的物交给提存机关，从而______合同的制度。

A. 变更 B. 转让 C. 订立 D. 消灭

31. 债权人领取提存物的权利，自提存之日起______内不行使而消灭，提存物扣除提存费用后归国家所有。

A.2 年 B.3 年 C.5 年 D.10 年

32. 太原某旅行社欲购进一批办公桌椅，遂与杭州一家公司订立加工承揽合同。由杭州公司承揽加工 500 套办公桌椅，合同中未约定履行地点，依《合同法》规定，该合同履行地应在______。

A. 太原某旅行社所在地 B. 杭州某公司所在地

C. 太原某旅行社指定的地点 D. 杭州某公司指定的地点

33. 在无权代理的合同中，相对人可以催告被代理人进行追认，行使追认的时间为_____。

A. 1 个月 B. 3 个月 C. 6 个月 D. 1 年

34. 下列债务人的债权可以由债权人行使代位权的是______。

A. 基于劳动合同而产生的报酬请求权

B. 基于人身伤害而产生的赔偿请求权

C. 基于买卖合同而产生的贷款请求权

D. 基于人寿保险而享有的保险金请求权

35. 债权人的撤销权行使形式是______。

A. 只能向债务人提出

B. 只能向人民法院起诉

C. 既可以向债务人提出，也可以向人民法院起诉

D. 可以向仲裁机构提出申请

36. 下列选项中，属于要约的是______。

A. 商业广告　　B. 招标公告

C. 自动售货机　　D. 寄送的价目表

37. 当事人一方违约后，守约方应当采取适当措施防止损失的扩大。守约方因防止损失扩大而采取适当措施所支出的费用，应由______。

A. 违约方承担

B. 守约方承担

C. 违约方和守约方合理分担

D. 违约方承担主要责任，守约方承担次要责任

38. 甲欠乙 500 元钱，后乙将该债权转让给丙，但未通知甲。据此推断，乙与丙签订的债权转让合同______。

A. 无效　　B. 可撤销　　C. 效力待定　　D. 有效，但对甲无拘束力

39. 下列情形中属于效力待定合同的有______。

A. 11 周岁的少年出售钻戒给 25 周岁的李某

B. 5 周岁的儿童因才艺表演而得到丰厚的报酬

C. 成年人李某误将古董花瓶当普通花瓶贱卖

D. 甲掉入河中，乙借机要求甲将脖子上的金项链赠予自己才实施救人

40. 甲和乙合作开办了某旅行社，并约定由甲担任该旅行社的董事长，乙负责财务、人事等部门主管工作。丙成为旅行社中第一名员工，并与该旅行社签订了劳动合同。则该合同中的主体是______。

A. 甲和丙　　B. 乙和丙　　C. 甲、乙和丙　　D. 旅行社和丙

41. 债权人王某下落不明，债务人李某难以履行债务，遂将标的物提存，李某将标的

物提存后，该标的物如果发生意外毁损灭失，其损失应由______。

A. 王某承担　　B. 李某承担

C. 王某和李某共同承担　　D. 提存机关承担

42. 下列关于承诺的说法正确的是______。

A. 承诺自做出时生效　　B. 承诺生效时合同成立

C. 承诺不允许撤回　　D. 受要约人的迟延承诺为有效承诺

43. 乙旅行社欠甲旅行社 50 万元钱，到期没有清偿。而乙旅行社享有对丙旅行社的 60 万元债权，却未尽力追讨。此时，甲旅行社可以行使______。

A. 撤销权　　B. 代位权　　C. 确认权　　D. 否认权

44. 甲商场向乙企业发出采购 100 台电冰箱的要约，乙企业于 5 月 1 日寄出承诺信件，5 月 8 日信件寄至甲商场，适逢其总经理外出。5 月 9 日总经理知悉了该信内容，遂于 5 月 10 日电传告知乙企业收到承诺。该承诺______生效。

A. 5 月 1 日　　B. 5 月 8 日　　C. 5 月 9 日　　D. 5 月 10 日

45. 李某将电脑借给刘某使用，刘某未经李某同意将该电脑转让给陈某，李某与陈某之间的买卖合同属于______。

A. 有效合同　　B. 无效合同　　C. 可撤销合同　　D. 效力待定合同

46. 旅行社具备履行条件，经旅游者要求仍拒绝履行合同，造成旅游者人身损害、滞留等严重后果的，旅游者还可以要求旅行社支付旅游费用______的赔偿金。

A. 1 倍　　B. 1 倍以上 3 倍以下

C. 3 倍　　D. 1 倍以上 5 倍以下

47. 因未达到约定人数不能出团的，组团社经征得旅游者书面同意，可以委托其他旅行社履行合同。______。

A. 组团社不对旅游者承担责任，受委托的旅行社对旅游者承担责任

B. 组团社对旅游者承担责任，受委托的旅行社对组团社承担责任

C. 组团社和受委托的旅行社对旅游者承担责任

D. 根据情况，组团社或受委托的旅行社对旅游者承担责任

48. 住宿经营者未能按照旅游服务合同提供服务的，应当______。

A. 为旅游者提供与原定标准相近的住宿服务，因此增加的费用由住宿经营者承担

B. 为旅游者提供与原定标准相近的住宿服务，因此增加的费用由旅游者承担

C. 为旅游者提供不低于原定标准的住宿服务，因此增加的费用由住宿经营者承担

D. 为旅游者提供不低于原定标准的住宿服务，因此增加的费用由旅游者承担

49. 旅游行程结束前，旅游者解除合同的，______。

A. 组团社不必将余款退还旅游者

B. 组团社应当将全部旅游费用退还给旅游者

C. 组团社应当在扣除必要的费用后，将余款退还旅游者

D. 组团社视具体情况将余款退还旅游者

50. 旅行社应当在旅游行程开始前向旅游者提供______。

A. 旅游注意事项　　B. 旅游行程单

C. 旅游包　　D. 旅行帽

51. 旅行社应当按照包价旅游合同的约定履行义务，不得擅自______。

A. 变更领队人员　　B. 变更导游人员

C. 变更服务质量　　D. 变更旅游行程安排

52. 旅游行程中解除合同的，旅行社应当协助旅游者返回出发地或者旅游者指定的合理地点。由于旅行社或者履行辅助人的原因导致合同解除的，返程费用由______承担。

A. 旅游者　　B. 旅行社

C. 履约辅助人　　D. 旅行社或者履行辅助人

53. 旅行社招徕旅游者组团旅游，因未达到约定人数不能出团的，组团社可以解除合同。但是，境内旅游应当至少提前______通知旅游者，出境旅游应当至少提前______通知旅游者。

A. 3 日　15 日　　B. 7 日　15 日

C. 15 日　30 日　　D. 7 日　30 日

54. 旅游行程开始前，旅游者将包价旅游合同中自身的权利义务转让给第三人，______。

A. 旅行社可直接拒绝，因此增加的费用由旅游者承担

B. 旅行社可直接拒绝，因此增加的费用由旅游者和第三人承担

C. 旅行社没有正当理由的不得拒绝，因此增加的费用由旅游者承担

D. 旅行社没有正当理由的不得拒绝，因此增加的费用由旅游者和第三人承担

55. 因不可抗力造成旅游者滞留的，旅行社应当采取相应的安置措施。因此增加的食宿费用，由______承担。

A. 旅游者　　B. 旅行社

C. 旅行社和旅游者　　D. 政府

二、多项选择题

1. 下列关系中不能用《合同法》调整的是______。

A. 政府的经济管理活动

B. 企业内部的管理关系

C. 自然人之间的赠予关系

D. 自然人之间的婚姻关系

E. 自然人之间的借贷关系

2. 下列属于《合同法》基本原则的是______。

A. 平等原则　　B. 公平原则

C. 诚实信用原则　　D. 守法，不得损害社会公共利益原则

E. 倡导文明消费的原则

3. 订立合同，当事人必须具备与所订立合同相适应的______和______。

A. 民事权利能力　　B. 民事权利

C. 民事行为能力　　D. 民事义务

E. 民事义务能力

4. 下列形式中，属于合同的书面形式的是______。

A. 信件　　B. 电报　　C. 电传　　D. 电话　　E. 电子邮件

5. 合同的内容是指合同当事人约定享有的______和承担的______。

A. 权益　　B. 权利　　C. 债权　　D. 债务　　E. 义务

6. 下列可以用于解决合同争议的方法是______。

A. 当事人协商和解　　B. 第三人调解

C. 投诉　　D. 仲裁　　E. 诉讼

7.《合同法》第 13 条规定，当事人订立合同，采取______、______方式。

A. 要约　　B. 承诺　　C. 要约邀请　　D. 权利　　E. 义务

8.《合同法》规定要约失效的情形是______。

A. 拒绝要约的通知到达要约人

B. 要约人依法撤回要约

C. 承诺期限届满，受要约人未做出承诺

D. 受要约人对要约的内容做出实质性变更

E. 要约人依法撤销要约

9. 我国《合同法》规定，格式条款的提供者存在的责任有______。

A. 遵循公平原则，确定当事人之间的权利和义务

B. 履行提示或说明的义务

C. 提前单方面定制条款

D. 订立条款前要与对方当事人进行充分协商

E. 订立条款后要严格履行合同的权利义务

10. 格式条款中含有______内容的，该条款无效。

A. 以合法形式掩盖非法目的

B. 提供格式条款一方免除自己责任

C. 重大误解

D. 排除对方当事人主要权利的

E. 加重对方责任

11. 一个有效的合同应当具备______的条件。

A. 不违反社会公共利益

B. 主体合法

C. 意思表示真实

D. 不违反法律

E. 具有时效性

12.《合同法》主要调整法人、其他组织之间的经济贸易合同关系，同时还包括自然人之间的______等合同关系。

A. 租赁　B. 婚姻　C. 赠予　D. 借贷　E. 收养

13.《合同法》的自愿原则体现在______。

A. 订不订合同自愿

B. 与谁订合同自愿

C. 双方可以协议解除合同

D. 发生争议时，当事人可以自愿选择解决争议的方式

E. 根据公平原则确定违约责任

14. 按照转让的权利、义务不同，合同转让可分为______。

A. 债权让与　B. 债务承担　C. 合同承受　D. 合同变更　E. 合同保全

15. 根据我国《合同法》规定，下列情形中属于合同权利义务终止的是______。

A. 合同解除　B. 合同转让

C. 债权、债务同归于一人　D. 债务人依法将标的物提存

E. 债务相互抵消

16. 合同的解除可以分为______。

A. 协议解除　B. 自然解除　C. 法定解除　D. 提存解除　E. 转让解除

17. 债权人依照《合同法》的规定提起代位权诉讼，应当符合的条件有______。

A. 债权人对债务人的债权合法

B. 债务人怠于行使其到期债权，对债权人造成损害

C. 债务人的债权已到期

D. 债务人的债权不是专属于债权人自身的债权

E. 债务人的债权不是专属于债务人自身的债权

18. 所谓不可抗力，是指______的客观情况。

A. 不能预见　B. 不能克服　C. 不能避免　D. 不能影响　E. 不能利用

19. 违约责任的承担方式包括______。

A. 停止侵害　B. 继续履行　C. 赔礼道歉　D. 采取补救措施　E. 消除危险

20. 下列属于不可抗力的是______。

A. 地震　B. 戒严　C. 罢工　D. 恐怖行为　E. 解除合同

21. 包价旅游合同应当采用书面形式，包括______。

A. 旅行社、旅游者的基本信息；旅游行程安排

B. 旅游团成团的最高人数；交通、住宿、餐饮等旅游服务安排和标准

C. 游览、娱乐等项目的具体内容和时间；自由活动时间安排

D. 旅游费用及其交纳的期限和方式；违约责任和解决纠纷的方式

E. 法律、法规规定和双方约定的其他事项

22. 旅游者有______情形的，旅行社可以解除合同。

A. 患有传染病等疾病，可能危害其他旅游者健康和安全的

B. 携带危害公共安全的物品且不同意交有关部门处理的

C. 携带大型宠物的

D. 从事违法或者违反社会公德的活动的

E. 从事严重影响其他旅游者权益的活动，且不听劝阻、不能制止的

23. 因不可抗力或者旅行社、履行辅助人已尽合理注意义务仍不能避免的事件，影响旅游行程的，按照______进行处理。

A. 合同不能继续履行的，旅行社和旅游者均可解除合同

B. 合同解除的，组团社应当在扣除已向地接社或者履行辅助人支付且不可退还的费用后，将余款退还旅游者

C. 合同变更的，因此增加的费用由旅游者承担，减少的费用退还旅游者

D. 危及旅游者人身、财产安全的，旅行社应当采取相应的安全措施，因此支出的费用，由旅行社承担

E. 造成旅游者滞留的，旅行社应当采取相应的安置措施。因此增加的食宿费用，由旅游者承担；增加的返程费用，由旅行社与旅游者分担

24. 订立包价旅游合同时，旅行社应当向旅游者告知______事项。

A. 旅游者不适合参加旅游活动的情形

B. 旅游活动中的安全注意事项

C. 旅行社依法可以减免责任的信息

D. 旅游者应当注意的旅游目的地相关法律、法规和风俗习惯、宗教禁忌，依照中国法律不宜参加的活动等

E. 带团导游的导游证编号

25. 订立包价合同时，旅行社应当向旅游者详细说明合同当中的______内容。

A. 旅行社的基本信息

B. 旅游行程安排

C. 自由活动时间安排

D. 旅游费用及其交纳的期限和方式

E. 违约责任和解决纠纷的方式

26. 旅行社委托其他旅行社代理销售包价旅游产品并与旅游者订立包价旅游合同的，应当在包价旅游合同中载明______。

A. 委托社基本信息　　B. 委托社法人代表基本信息

C. 代理社基本信息　　D. 代理社法人代表基本信息

E. 导游服务费用

27. 下列说法正确的是______。

A. 在旅游者自行安排活动期间，旅行社未尽到安全提示、救助义务的，应当与旅游者共同承担旅游者的人身损害、财产损失的责任

B. 由于旅游者自身原因导致包价旅游合同不能履行或者不能按照约定履行，或者造成旅游者人身损害、财产损失的，旅行社不承担责任

C. 旅行社具备履行条件，经旅游者要求仍拒绝履行合同，造成旅游者人身损害、滞留等严重后果的，旅游者还可以要求旅行社支付旅游费用一倍以上三倍以下的赔偿金

D. 旅游行程中解除合同的，旅行社应当协助旅游者返回出发地或者旅行社和旅游者约定的合理地点

E. 危及旅游者人身、财产安全的，旅行社应当采取相应的安全措施，因此支出的费用，由旅行社与旅游者分担

28. 根据《旅游法》，旅游者在旅游活动中或者在解决纠纷时，损害______的合法权益时，依法承担赔偿责任。

A. 旅行社　　B. 履行辅助人　　C. 旅游从业人员

D. 其他旅游者　　E. 旅游者自身

旅行社管理法规制度

一、单项选择题

1. 下列不属于旅行社法律特征的是______。

A. 旅行社是依法设立的企业法人

B. 旅行社是以营利为目的的企业

C. 旅行社是从事旅游业务的企业

D. 旅行社是从事代理、中介服务的企业

2. 按照旅行社在服务过程中的职责和分工可将旅行社分为______。

A. 中资旅行社和外商投资旅行社

B. 公司制旅行社和非公司制旅行社

C. 国内入境游旅行社和出境游旅行社

D. 组团社和地接社

3. 有多年旅游从业经验的徐某欲向旅游行政管理部门申请设立旅行社，经营国内旅游业务和入境旅游业务，按照《旅游法》的规定，下列______不是必备条件。

A. 有固定的经营场所　　B. 有必要的营业设施

C. 有20万的质量保证金　　D. 有符合规定的注册资本

4. 受理设立外商投资企业申请的旅游行政管理部门应当自受理之日起______内，做出许可或者不予许可的决定。

A. 20个工作日　　B. 30个工作日　　C. 20日　　D. 30日

5. 受理设立旅行社申请的旅游行政管理部门予以许可的，向申请人颁发______。

A. 旅行社业务经营许可证　　B. 企业名称预先核准通知书

C. 企业法人营业执照　　D. 企业法人税务登记证

6. 旅行社取得经营许可满______，且未因侵害旅游者合法权益受到行政机关罚款以上处罚的，可以申请经营出境旅游业务。

A. 1年　　B. 2年　　C. 3年　　D. 4年

7. 某旅行社被主管部门批准经营出境旅游业务，并设立了两家经营国内业务的分社和两家经营出境业务的分社，某旅行社应向指定银行缴纳的质量保证金数额是______。

A. 120万元　　B. 140万元　　C. 180万元　　D. 210万元

8. 旅行社应当自取得旅行社业务经营许可证之日起______个工作日内，在国务院旅游行政主管部门指定的银行开设专门的质量保证金账户，存入质量保证金。

A. 5　　B. 3　　C. 10　　D. 20

9. 旅行社被吊销许可证的，其主要负责人在旅行社业务经营许可证被吊销之日起______年内不得从事旅行社业务。

A. 1　　B. 2　　C. 3　　D. 5

10.《旅行社条例》规定，经营国内旅游业务和入境旅游业务的旅行社，应当存入质量保证金______；经营出境旅游业务的旅行社，应当增存质量保证金______。

A. 50 万元　100 万元　　B. 60 万元　120 万元

C. 20 万元　120 万元　　D. 30 万元　120 万元

11.《旅行社条例》规定，旅行社每设立一个经营国内旅游业务和入境旅游业务的分社，应当向其质量保证金账户增存______；每设立一个经营出境旅游业务的分社，应当向其质量保证金账户增存______。

A. 5 万元　30 万元　　B. 10 万元　20 万元

C. 5 万元　10 万元　　D. 10 万元　60 万元

12. 关于旅行社质量保证金，下列说法不正确的是______。

A. 满足法定条件时，旅行社质量保证金的交存数额可降低 50%

B. 保证金须保持满额，支付赔偿后，不足部分须在接到主管部门补交通知后 5 个工作日内补足

C. 质量保证金和产生的利息收入全部归旅行社所有

D. 质量保证金的缴纳形式只有现金形式

13. 下列情形中不适用质量保证金赔偿的是______。

A. 旅行社违约侵害旅游者合法权益且经查证属实的

B. 旅行社解散后造成旅游者预交旅游费损失的

C. 旅行社和旅游餐厅的债务纠纷

D. 旅行社破产后造成旅游者预交旅游费损失的

14. 旅行社自交纳或者补足质量保证金之日起______内未因侵害旅游者合法权益受到行政机关罚款以上处罚的，旅游行政管理部门应当将旅行社质量保证金的交存数额降低 50%，并向社会公告。

A. 1 年　　B. 2 年　　C. 3 年　　D. 5 年

15. 游客许某参加甲旅行社组织的“海南双飞五日游”，由于接待社安排失误，使许某未能搭乘原定的航班返程。按照旅行社质量保证金赔偿标准，甲旅行社应赔偿许某直接经济损失，并支付直接经济损失 ______的违约金。

A. 同额　　B. 10%　　C. 20%　　D. 双倍

16. 根据《旅行社服务质量赔偿标准》因______造成旅游者经济损失，旅行社不承担赔偿责任。

A. 由于不可抗力等不可归责于旅行社的客观原因

B. 旅行社履行合同不符合约定的服务质量标准

C. 旅游者和旅行社对赔偿标准未做出合同约定

D. 旅行社不履行旅游服务合同

17. 旅行社收取旅游者预付款后，因旅行社的原因不能出行，国内旅游出发前 7 日（含 7 日）至 4 日通知旅游者，支付旅游费用总额 ______的违约金。

A. 10%　　B. 15%　　C. 已预付款等额　　D. 已预付款 20%

18. 旅行社安排的旅游活动及服务档次与合同不符，造成旅游者的经济损失，旅行社应退还旅游者合同金额与实际花费的差额，并支付______。

A. 实际经济损失　　B. 该差额 20% 的违约金

C. 全部经济损失　　D. 同额违约金

19. 导游或领队未按国家或旅游行业对旅游者服务标准提供导游或者领队服务，影响旅游服务质量的，旅行社应向旅游者支付旅游费用总额______的违约金，《旅行社服务质量赔偿标准》另有规定的除外。

A. 1%—5%　　B. 3%—5%　　C. 5%—10%　　D. 10%—15%

20. 导游或领队擅自遗漏无门票旅游景点的，每遗漏一处旅行社向旅游者支付旅游费用总额______的违约金。

A. 5%　　B. 10%　　C. 15%　　D. 20%

21. 导游或者领队未经旅游者签字确认，擅自安排合同约定以外的用餐、娱乐、医疗保健、参观等另行付费项目的，旅行社应______。

A. 赔偿旅游费总额 20% 的违约金

B. 承担另行付费项目的费用

C. 赔偿另付费项目 20% 的违约金

D. 赔偿另付费项目 5% 的违约金

22. 导游或领队未经旅游者签字确认，擅自违反合同约定增加购物次数、延长停留时间的，每次向旅游者支付旅游费用总额______的违约金。

A. 5%　　B. 10%　　C. 15%　　D. 20%

23. 导游或领队缩短游览时间，遗漏旅游景点，减少旅游服务项目的，旅行社应赔偿______等合理费用，并支付同额违约金。

A. 减少景点门票的同额违约金　　B. 导游服务费 10% 的违约金

C. 全部经济损失　　D. 未完成约定旅游服务项目

24. 导游或领队强迫或变相强迫旅游者购物的，每次向旅游者支付旅游费用总额______的违约金。

A. 10%　　B. 20%　　C. 30%　　D. 40%

25. 旅游者在合同约定的购物场所所购物品系假冒伪劣商品的，旅行社应负责挽回或者赔偿旅游者的______。

A. 直接经济损失　　B. 间接经济损失

C. 全部经济损失　　D. 实际经济损失

26. 导游或领队私自兜售商品，旅行社应______。

A. 赔偿旅游者直接经济损失　　B. 赔偿旅游者间接经济损失

C. 全额退还旅游者购物价款　　D. 赔偿旅游者实际经济损失

27. 旅行社未经旅游者同意，擅自将旅游者转团、拼团的，旅行社应向旅游者支付旅游费用总额______的违约金。

A. 10%　　B. 20%　　C. 25%　　D. 30%

28. 旅行社违反合同约定，中止对旅游者提供住宿、用餐、交通等旅游服务的，应当负担旅游者在被中止旅游服务期间所订的同等级别的住宿、用餐、交通等必要费用，并向旅游者支付旅游费用总额______的违约金。

A. 10%　　B. 20%　　C. 25%　　D. 30%

29. 未取得相应的旅行社业务经营许可，经营国内、入境、出境旅游业务的，由旅游行政管理部门或者工商行政管理部门责令改正，没收违法所得，并处______的罚款；违法所得 10 万元以上的，并处违法所得 1 倍以上 5 倍以下的罚款。

A. 1 万元以上 5 万元以下　　B. 2 万元以上 10 万元以下

C. 5 万元以上 50 万元以下　　D. 1 万元以上 10 万元以下

30. 旅行社具备履行条件，经旅游者要求仍拒绝履行合同，造成旅游者人身损害、滞留等严重后果的，旅游者还可以要求旅行社支付旅游费用 ______ 的赔偿金。

A. 1 倍　B. 1 倍以上 3 倍以下　C. 3 倍　D. 1 倍以上 5 倍以下

31. 某旅行社接待入境旅游时，旅游者非法滞留境内，该旅行社未及时报告并拒绝协助提供非法滞留者信息，由旅游行政主管部门处______的罚款；对直接负责的主管人员处以______的罚款。

A. 10 万元以上 50 万元以下　4000 元以上 2 万元以下

B. 1 万元以上 5 万元以下　1000 元以上 3 万元以下

C. 5000 元以上 5 万元以下　2000 元以上 2 万元以下

D. 2 万元以上 10 万元以下　1000 元以上 3 万元以下

32. 下列各项不属于超范围经营的是______。

A. 外商投资旅行社经营中国内地居民出国旅游业务的

B. 分社的经营范围超出设立分社的旅行社的经营范围的

C. 未取得相应的旅行社业务经营许可，经营出境旅游业务的

D. 旅行社依法设立未满两年，经营入境旅游业务的

33. 国务院发布的《旅行社条例》自______起施行。

A. 2009 年 2 月 20 日　B. 2009 年 5 月 1 日

C. 2009 年 4 月 3 日　D. 2010 年 8 月 29 日

34. 旅行社应当妥善保存《旅行社条例》规定的招徕、组织、接待旅游者的各类合同及相关文件、资料，以备县级以上旅游行政管理部门核查。合同及文件、资料的保存期，应当不少于______。

A. 1 年　B. 2 年　C. 3 年　D. 5 年

35. 旅行社从事旅游业务经营活动，必须投保______。

A. 旅行社责任保险　B. 旅游意外保险

C. 旅游平安保险　D. 旅游医疗保险

36. 具有经营出境旅游业务的甲地旅行社。决定在乙地设立一个经营出境旅游业务的分社，在丙地设立一个经营国内旅游业务和入境旅游业务的分社。根据《旅行社条例》规定，该旅行社共存质量保证金______万元。

A. 135　　B. 175　　C. 155　　D. 145

37. 旅行社违法经营或者被吊销旅行社业务经营许可证的，由做出行政处罚决定的旅游行政管理部门，在处罚生效后______内向社会公告。

A. 7 日　　B. 7 个工作日　　C. 10 个工作日　　D. 10 日

38. 旅行社向不合格的供应商订购产品和服务的，旅游主管部门对直接负责的主管人员和其他责任人员处______罚款。

A. 1000 元以上 1 万元以下　　B. 2000 元以上 2 万元以下

C. 违法所得 1 倍以上 5 倍以下　　D. 5000 元以上 5 万元以下

39. 因旅行社过错造成旅游者误机（车、船），旅行社应赔偿旅游者的______，并赔偿经济损失 20% 的违约金。

A. 直接经济损失　　B. 间接经济损失

C. 全部经济损失　　D. 实际经济损失

40. 旅行社设立分社应依法向分社所在地的______办理登记手续，并向所在地旅游行政管理部门备案。

A. 旅游管理部门　　B. 物价管理部门

C. 工商行政管理部门　　D. 社区服务站

41. 旅行社在组织旅游活动时，未经游客同意指定具体购物场所，则旅游者有权在旅游行程结束后______内，要求旅行社为其办理退货并先行垫付退货货款。

A. 10 日　　B. 15 日　　C. 20 日　　D. 30 日

42. 经营出境旅游业务的旅行社，应当增存质量保证金______万元。

A. 120　　B. 30　　C. 50　　D. 20

43. 吉祥旅行社于 2009 年 3 月 15 日交纳了 20 万元质量保证金，经营至今未因侵害旅游者合法权益受到行政机关罚款以上处罚，旅游行政管理部门应当将其旅行社质量保证金的交存数额降低至______万元，并向社会公告。

A. 16　　B. 14　　C. 12　　D. 10

44. 受理申请的旅游行政管理部门应当自受理申请之日起______内做出许可或者不予许可经营国内旅游业务和入境旅游业务的决定。

A. 20 日　　B. 20 个工作日　　C. 30 日　　D. 30 个工作日

45. 山西山水旅行社组织一个北京5日游的旅行团，在9月15日每位游客交了800元的全部团款，原定2012年9月29日出发。可发团前两天得知，回程的火车票没落实，于是通知游客取消行程，对此，旅行社除了向旅游者全额退还预付旅游款之外，还应支付每位游客违约金______元。

A. 80　　B. 100　　C. 120　　D. 160

46. 旅游团队出境后因不可抗力或者其他特殊原因确需分团入境的，领队应当及时通知______。

A. 外交部　　B. 公安部　　C. 当地外事部门　　D. 组团社

47. 因组团社或者其委托的境外接待社违约，使旅游者合法权益受到损害的，______应当依法对旅游者承担赔偿责任。

A. 组团社　　B. 委托的境外接待社

C. 保险公司　　D. 该团队的地接导游

二、多项选择题

1. 下列属于旅行社经营范围的是______。

A. 国内旅游业务　　B. 入境旅游业务

C. 接受委托代订交通客票　　D. 接受委托代办会务事务

E. 景区娱乐项目策划

2. 设立旅行社必要的营业设施包括______。

A. 2部以上的直线固定电话　　B. 传真机

C. 具备与旅游行政管理部门及其他旅游经营者联网条件的计算机

D. 打印机　　E. 复印机

3. 下列属于旅行社服务网点业务范围的是______。

A. 招徕旅游者　　B. 提供咨询服务

C. 宣传旅行社业务　　D. 组织接待旅游者

E. 代办委托业务

4. 设立社应当加强对服务网点的管理，对服务网点实行______的服务规范。

A. 统一管理　　B. 统一财务　　C. 统一招徕　　D. 统一接待　　E. 统一宣传

5. 旅行社的变更事项包括______。

A. 变更经营范围　　B. 变更广告代理商

C. 变更企业名称　　D. 变更法定代表人

E. 变更组织形式

6. 下列关于旅行社设立的分社与服务网点的表述，正确的有______。

A. 都不具备独立法人资格

B. 都以设立社的名义从事活动

C. 其经营活动的责任和后果，都由设立社承担

D. 设立都不受地域限制

E. 都能经营设立社的所有业务

7. 下列属于外商投资旅行社，申请设立过程中主管部门颁发的证明文件的是______。

A. 外商投资旅行社业务许可审定意见书

B. 外商投资企业许可审定意见书

C. 外商投资企业批准证书

D. 旅行社业务经营许可证

E. 营业执照

8. 下列可能吊销旅行社业务经营许可证的情形有______。

A. 旅行社未在规定期限内向其质量保证金账户存入、增存、补足质量保证金或者提交相应的银行担保的，拒不改正的

B. 旅行社不投保旅行社责任险的，拒不改正的

C. 未与旅游者签订旅游合同的

D. 欺骗、胁迫旅游者购物或者参加需要另行付费的游览项目，情节严重的

E. 拒绝履行合同的

9. 下列属于超范围经营的有______。

A. 分社的经营范围超出设立社的经营范围

B. 服务网点从事招徕、咨询以外的经营活动

C. 未取得业务经营许可证而从事旅游业务

D. 旅行社的办事处从事旅行社业务经营活动

E. 未经批准从事出境业务

10. 旅游者在境外滞留不归的，旅游经营者应当及时向______报告。

A. 旅行社　　B. 中华人民共和国驻该国使领馆、相关驻外机构

C. 公安机关　　D. 旅游主管部门　　E. 外交部门

11. 旅行社以互联网形式经营旅行社业务的，除符合法律、法规规定外，其网站首页应当载明旅行社的名称和______。

A. 法定代表人　　B. 许可证编号

C. 业务经营范围　　D. 原许可的旅游行政管理部门的投诉电话

E. 注册资本

12. 下列属于旅行社权利的有______。

A. 甲旅行社要求 70 岁的游客王某提供健康证明

B. 乙旅行社委派的导游李某要求所带团队客人妥善保管随身物品

C. 丙旅行社委派的领队小张要求所带团队客人遵守合同约定的旅游行程，不得擅自脱离团队

D. 丁旅行社导游赵某拒绝了客人韩某提出的超出旅游合同约定的不合理要求

E. 戊旅行社导游小林拒绝游客黄某在行程规定的自由活动时间在酒店休息

13. 下列对旅行社罚款 5000 元以上 5 万元以下的情形有______。

A. 甲旅行社非法转让旅行社业务经营许可证

B. 乙旅行社进行虚假宣传，误导旅游者

C. 丙旅行社委派的导游人员未持有导游证

D. 丁旅行社向不合格的供应商订购产品和服务

E. 戊旅行社未按照规定投保旅行社责任保险

14. 下列情形中，不仅要处罚旅行社，而且要处罚导游的有______。

A. 未与游客协商一致，安排游客参与另行付费的旅游项目的

B. 安排旅游者参观违反社会公德的项目的

C. 导游未经委派私自带团盈利的

D. 拒不履行旅游合同约定的义务的

E. 在旅游行程中擅自变更旅游行程安排，严重损害旅游者权益的

15. 下列情形中，旅行社可能会受到行政处罚的是______。

A. 甲旅行社拖欠乙地接社团款 10 万元迟迟不还

B. 甲旅行社以低于接待和服务成本的费用将一个旅游团委托给乙地接社

C. 乙地接社接待甲旅行社委托的没有支付接待和服务费用的旅游团队

D. 乙地接社要求其公司导游小李接待不支付接待和服务费用的旅游团队

E. 丙旅行社组织游客参加赌博项目

16.《旅行社条例》所称的旅行社，是指从事______旅游者等活动，为旅游者提供服务，开展国内旅游业务、入境旅游业务或者出境旅游业务的企业法人。

A. 招徕 B. 咨询 C. 组织 D. 接待 E. 宣传

17. 根据《旅行社条例》及其《旅行社条例实施细则》规定，旅行社变更______等登记事项或者终止经营的，应当到工商行政管理部门办理相应的更变登记或者注销登记，并在登记办理后向原许可的旅游行政管理部门备案，换领或者交回旅行社业务经营许可证。

A. 名称 B. 经营场所 C. 导游人员 D. 法定代表人 E. 经营范围

18. 甲旅行社欲聘任小王作为本社导游员，并委派其带团，则下列说法正确的有_____。

A. 小王要取得导游证 B. 要与小王订立劳动合同

C. 要向小王支付劳动报酬 D. 要为小王缴纳社会保险费用

E. 要求小王垫付旅游团费用

19. 下列属于旅行社义务的有______。

A. 满足旅游者的所有要求 B. 出具服务单据

C. 提供真实信息 D. 保障旅游者人身安全

E. 保障旅游者财物安全

20. 旅行社在经营活动中应当遵循______的原则，提高服务质量，维护旅游者的合法权益。

A. 自愿 B. 平等 C. 公平 D. 诚信 E. 公开

21. 省、自治区、直辖市旅游行政部门根据本行政区域内各组团社上年度经营入境旅游的_______，按照公平、公正、公开的原则，在每年的 3 月底以前核定各组团社本年度组织出国旅游的人数安排。

A. 发展趋势 B. 业绩 C. 经营能力 D. 服务质量 E. 创收水平

22. 国务院旅游行政部门统一印制《中国公民出国旅游团队名单表》一式四联中，

包含______。

A. 出境边防检查专用联　　B. 入境边防检查专用联

C. 旅游行政部门审验专用联　　D. 旅行社自留专用联

E. 旅游者自留专用联

23. 旅游团队出入境时，应当接受边防检查站对______的查验。

A. 护照　　B. 签证　　C. 名单表　　D. 旅行证　　E. 出入境通行证

24. 组团社经营出国旅游业务，应当与旅游者订立书面旅游合同。旅游合同应当包括______。

A. 旅游起止时间　　B. 行程路线　　C. 违约责任

D. 购物次数　　E. 住宿标准

25. 旅游团队在境外遇到特殊困难和安全问题时，领队应当及时向______报告。

A. 组团社　　B. 中国驻所在国家使领馆

C. 公安部　　D. 外交部　　E. 地接社

26. 旅游者在境外滞留不归的，旅游团队领队应当及时向组团社和中国驻所在国家使领馆报告，组团社应当及时向______报告。

A. 公安机关　　B. 旅游行政部门

C. 该国驻中国大使馆　　D. 外交部　　E. 旅游者家属

导游人员管理法规制度

一、单项选择题

1. 下列人员中不能参加导游人员资格考试的是______。

A. 就读于山西大学三年级的归国华侨小张

B. 加入中国国籍的俄罗斯姑娘娜塔莎

C. 曾患甲型肝炎现已痊愈的小王

D. 外籍华人小乔

2. 大同市某旅行社欲聘具有特定语种语言能力的王某临时从事导游活动。按照《导游人员管理条例》，应______。

A. 由王某向大同市旅游局申请领取临时导游证

B. 由王某向山西省旅游局申请领取临时导游证

C. 由该旅行社向大同市旅游局申请领取临时导游证

D. 由该旅行社向山西省旅游局领取临时导游证

3. 导游人员进行导游活动时未佩戴导游证的，由旅游行政部门责令改正；______的，处500元以下的罚款。

A. 情节严重　　B. 长期不改　　C. 拒不改正　　D. 态度恶劣

4. 取得导游人员资格证的，经______的人员，方可向省、自治区、直辖市人民政府旅游行政部门申请领取导游证。

A. 与旅行社订立劳动合同后

B. 在相关旅游行业组织注册

C. 与旅行社订立劳动合同或者在相关旅游行业组织注册

D. 与旅行社订立劳动合同和在相关旅游行业组织注册

5.《导游人员管理条例》所称导游人员，是指依照该条例规定______，接受旅行社委派为旅游者提供向导、讲解及相关旅游服务的人员。

A. 取得导游资格证书　　B. 取得导游证

C. 与旅行社订立劳动合同　　D. 在相关旅游行业组织注册

6. 小贾取得导游人员资格证书后，又与旅行社签订了劳动合同，她可持劳动合同向______申请领取导游证。

A. 国家旅游局　　B. 省级旅游局　　C. 地市级旅游局　　D. 县级旅游局

7.《导游人员管理实施办法》规定，导游人员私自带人随团游览，一次扣除______。

A. 4分　　B. 6分　　C. 8分　　D. 10分

8.《导游人员管理实施办法》规定，擅自增加旅游项目，一次扣除______。

A. 4分　　B. 6分　　C. 8分　　D. 10分

9.《导游人员管理实施办法》规定，擅自中止导游活动的一次性扣______。

A. 4分　　B. 6分　　C. 8分　　D. 10分

10. 领队证的有效期是______。

A. 1 年　　B. 2 年　　C. 3 年　　D. 4 年

11. 凡需在领队证有效期届满后继续从事领队业务的，应当在届满前______由组团社向旅游行政管理部门申请登记换发领队证。

A. 1 个月　　B. 2 个月　　C. 3 个月　　D. 6 个月

12. 旅游行政管理部门应当自收到申请材料之日起______内，对符合条件的申请领队证人员颁发领队证，并予以登记备案。

A. 15 日　　B. 15 个工作日　　C. 30 日　　D. 30 个工作日

13. 领队证的颁发机构是______。

A. 国家旅游局

B. 所在地省级旅游局

C. 所在地市级旅游局

D. 所在地省级旅游局或经授权的地市级以上旅游局

14. 根据法律规定，下列不得颁发导游证的人是______。

A. 年满 70 周岁的老年人

B. 曾被吊销导游证未逾 3 年的

C. 因过失犯罪被判处 2 年有期徒刑者

D. 年满 18 周岁的公民

15. 小陈顺利取得了导游资格证书，并向省级旅游局递交了相关证明材料申请领取导游证，按照规定，自递交申请之日起______内，小陈就能拿到她的导游证。

A. 7 日　　B. 10 日　　C. 15 日　　D. 30 日

16. 下列导游人员不是按照业务范围划分的是______。

A. 全陪　　B. 地陪　　C. 海外领队　　D. 外语导游

17. 中级导游员王某在北京市旅游局组织的两次导游技能大赛中均获得最佳名次，根据导游人员等级考核评定办法的规定，导游王某______。

A. 可晋升为特级导游员　　B. 可晋升为高级导游员

C. 能晋升两次　　D. 不能晋级

18. 导游人员参加省部级以上单位组织的导游技能大赛获得最佳名次，等级最高可以晋升为______。

A. 高级　　B. 中级　　C. 特级　　D. 初级

19. 导游人员李某在带团过程中，公开向旅游者索要小费，应由旅游行政部门责令退还，并处______的罚款，情节严重的，并暂扣或者吊销导游证。

A. 3000 元以上 1 万元以下　　B. 1000 元以上 1 万元以下

C. 1000 元以上 3000 元以下　　D. 3000 元以上 3 万元以下

20. 凡需要在领队证有效期届满后继续从事领队业务的，应当在届满前______，由______向旅游行政管理部门申请登记换发领队证。

A. 3 个月　本人　　B. 3 个月　组团社

C. 6 个月　本人　　D. 6 个月　组团社

21. 导游人员在导游活动中______，扣除 8 分。

A. 欺骗、胁迫旅游者消费的

B. 未通过年审继续从事导游业务的

C. 因自身原因造成旅游团重大危害和损失的

D. 擅自增加或者减少旅游项目的，或者擅自中止导游活动的

22. 导游人员在导游活动中______，扣除 2 分。

A. 私自带人随团游览的　　B. 无故不随团活动的

C. 在导游活动中未佩戴导游证的　　D. 未携带正规接待计划的

23. 关于导游证计分管理说法正确的是______。

A. 满分分值为 12 分　　B. 跨年度分数可以累计

C. 一次被扣 8 分的，警告批评　　D. 扣分不是行政处罚

24. 导游小牛带团时未佩戴导游证，经批评仍不改正，旅游局可以对其处以的______罚款。

A. 1000 元以上 3 万元以下　　B. 500 元以上 1000 元以下

C. 50 元以上 500 元以下　　D. 500 元以下

25. 导游人员等级考核分为______和______。

A. 两个系列　两个等级　　B. 两个系列　四个等级

C. 两个等级　四个系列　　D. 四个系列　四个等级

26. 所谓______，是指公民能够通过自己的行为取得民事权利和承担民事义务的资格。

A. 民事权利能力　　B. 民事行为能力

C. 完全民事行为能力　　D. 限制民事行为能力

27. 导游证的有效期是______。

A. 1 年　　B. 2 年　　C. 3 年　　D. 4 年

28.《导游人员管理实施办法》规定的导游人员计分管理办法，明确规定导游人员在导游活动中有______，扣除 10 分。

A. 擅自增加或者减少旅游项目的

B. 有殴打或者谩骂旅游者行为的

C. 以明示或者暗示的方式向旅游者索取小费的

D. 未携带正规接待计划的

29.《导游人员管理实施办法》规定的导游人员计分管理办法，明确规定导游人员在导游活动中有______，扣除 8 分。

A. 欺骗、胁迫旅游者消费的

B. 以明示或者暗示的方式向旅游者索取小费的

C. 擅自中止导游活动的

D. 无故不随团活动的

30.《导游人员管理实施办法》规定的导游人员计分管理办法，明确规定导游人员在导游活动中有______，扣除 6 分。

A. 讲解质量差或不讲解的　　B. 无故不随团活动的

C. 私自带人随团游览的　　D. 未按规定时间到岗的

31.《导游人员管理实施办法》规定的导游人员计分管理办法，明确规定导游人员在导游活动中有______，扣除 4 分。

A. 擅自增加或者减少旅游项目的

B. 不尊重旅游者宗教信仰和民族风俗的

C. 擅自中止导游活动的

D. 以明示或者暗示的方式向旅游者索取小费的

32.《导游人员管理实施办法》规定的导游人员计分管理办法中，下列导游活动中不属于扣除 2 分的是______。

A. 未按规定时间到岗的　　　　B. 未携带正规接待计划的

C. 在导游活动中未佩戴导游证的　　D. 讲解中吸烟、吃东西的

33. 导游人员江某在带团中，因安排超计划购物与旅游者发生争执，当旅游行政管理部门对其工作进行检查时，发现其未佩戴导游证。旅游行政管理部门可责令其改正；拒不改正的，给予______的处罚。

A. 警告　　B. 罚款　　C. 扣留导游证　　D. 吊销导游资格证书

34.《导游人员管理条例》规定，导游人员应当不断提高自身的______，这是导游人员的法定职责。

A. 政治意识和服务意识　　B. 服务意识和职业道德水平

C. 业务素质和职业技能　　D. 服务意识和职业技能

35. 导游人员对县旅游局所给予的行政处罚不服，依照《中华人民共和国行政复议法》的规定，其有权向______申请复议。

A. 县人民法院　　B. 市人民法院　　C. 县旅游局　　D. 市旅游局

36. 可以颁发导游证的情形是______。

A. 小李是不能完全辨认自己行为的精神病人

B. 小王年满 16 岁，且已在某中职学校导游专业学习 2 年

C. 小陈是乙肝病毒携带者

D. 小侯大学毕业考取导游人员资格证书

37. 王某是某旅行社的导游，8 月 15 日带团去云南，因临时有事，王某电告游客出发日期改为 8 月 20 日，对王某的行为下列说法正确的是______。

A. 王某行使了作为导游的权利

B. 王某可随时改变旅游接待计划，但必须立即报告旅行社

C. 王某如果征得大多数游客同意，便可改变该计划

D. 在游览活动开始前，导游人员不得改变游览计划

38. 特级导游员考核以______为主。

A. 论文答辩　　B. 笔试方式　　C. 实地考核　　D. 技能考核

39. 导游领队应在______将旅游文明需要注意的事项以适当方式告知旅游者。

A. 签合同时　　B. 出行前　　C. 旅游中　　D. 行程结束后

40. 导游领队参加行前说明会的，宜在行前说明会上，向旅游者讲解______提示基本的文明旅游规范，使旅游者在出行前具备相应知识，为文明旅游做好准备。

A.《中国公民国内旅游文明行为公约》

B.《中国公民出境旅游文明行为指南》

C.《中国公民国内旅游文明行为公约》或《中国公民出境旅游文明行为指南》

D.《中国公民国内旅游文明行为公约》和《中国公民出境旅游文明行为指南》

二、多项选择题

1. 对______，不得颁发导游证。

A. 无民事行为能力者　　B. 限制民事行为能力者

C. 患有传染性疾病者　　D. 受过刑事处罚者

E. 过失犯罪的

2.______，属于不得颁发导游证之列。

A. 被吊销导游证 2 年的人　　B. 患有传染性疾病的人

C. 因过失犯罪受过刑事处罚的人　　D. 16 岁以下的未成年人

E. 完全民事行为能力人

3. 导游人员进行导游活动时，遇有可能危及旅游者人身安全的紧急情形时，可以调整或变更接待计划，但必须______。

A. 征得多数旅游者同意　　B. 立即报告旅行社

C. 中止导游活动　　D. 减少旅游项目

E. 在旅游活动开始前

4.《导游人员管理条例》规定，导游人员进行导游活动未佩戴导游证的，由旅游行政部门______。

A. 责令改正

B. 拒不改正的，处 500 元以下罚款

C. 情节严重的，吊销导游证并予以公告

D. 对委派该导游人员的旅行社给予警告

E. 没收违法所得

5. 导游人员在引导旅游者旅行、游览过程中，应当就可能发生危及旅游者人身、财

物安全的情况，______。

A. 中止合同　　B. 向旅游者做出真实说明

C. 向旅游者做出明确警示　　D. 采取防止危害发生的措施

E. 立即与旅游者解除合同

6.《导游人员管理条例》规定，不得颁发导游证的人员是______。

A. 15 周岁的高级中学毕业生李某

B. 病毒性肝炎患者张某

C. 曾因过失杀人罪被判处 5 年有期徒刑的刑满释放犯赵某

D. 曾因严重违反导游人员管理法规被吊销导游证 2 年的贾某

E. 17 岁独立生活的王某

7. 参加导游人员资格考试的人员必须具备______条件。

A. 必须是中华人民共和国公民

B. 必须具有高级中学、中等专业学校或者以上学历

C. 必须身体健康

D. 必须具有适应导游需要的基本知识和语言表达能力

E. 年满 18 周岁

8. 不得颁发导游证的情形有______。

A. 无民事行为能力或者限制民事行为能力的

B. 患有传染性疾病的

C. 受过刑事处罚的，过失犯罪的除外

D. 被吊销导游证未逾 3 年的

E. 完全民事行为能力人

9. 导游人员有______。

A. 人格尊严不受侵犯权　　B. 行政复议权

C. 调整或变更接待计划权　　D. 行政诉讼权

E. 自觉维护国家利益和民族尊严的权利

10. 根据《导游人员管理条例》的规定，对下列______不得颁发导游证。

A. 16 岁以下的未成年人

B. 患有乙型肝炎的人

C. 因过失伤害罪被判处有期徒刑的人

D. 曾被吊销导游证1年的人

E. 曾因损害国家利益被吊销导游证5年的人

11. 关于领队业务，下列表述正确的有______。

A. 领队人员是依法取得领队证的人

B. 领队人员从事领队业务必须受组团社委派

C. 领队人员应当带领旅游者出入境

D. 领队人员应当督促落实旅游接待计划

E. 领队人员从事领队工作无须佩戴领队证

12. 领队人员不得与境外接待社、导游人员及为旅游者提供商品或者服务时与其他经营者串通欺骗、胁迫旅游者消费，不得向境外接待社、导游人员及其他为旅游者提供商品或者服务的经营者索要或者收受______。

A. 回扣　　B. 提成　　C. 小费　　D. 财物　　E. 佣金

13. 领队人员在执行旅游行程计划过程中，不得______。

A. 擅自改变行程

B. 减少旅游项目

C. 强迫或者变相强迫旅游者参加额外付费项目

D. 干扰境外接待社的接待工作

E. 督促接待社履行旅游合同

14. 旅游团队在境外遇到特殊困难和安全问题时，旅游者在境外滞留不归的，领队人员应当及时向______报告。

A. 组团社　　B. 境外接待社

C. 当地政府部门　　D. 中国驻所在国家使领馆

E. 国家旅游局

15. 旅游者在境外滞留不归，领队不及时向组团社和中国驻所在国家使领馆报告的，由旅游行政部门______。

A. 责令改正　　B. 警告　　C. 暂扣其领队证

D. 吊销其领队证　　E. 罚款并没收违法所得

16. 领取临时导游证的条件是______。

A. 具有某种特定语种语言能力

B. 旅行社需要聘任其临时从事导游工作

C. 参加导游资格考试，取得导游人员资格证书

D. 个人提出申请

E. 旅行社提出申请

17. 正式导游证与临时导游证的区别______。

A. 前者须取得导游人员资格证书，后者不需要

B. 前者须有特定语种语言能力，后者不需要

C. 前者由个人向旅游局申请领取，后者由旅行社申请领取

D. 前者有效期 3 年，能换发，后者最长 3 个月，不得展期

E. 前者由省旅游局颁发，后者由市旅游局颁发

18. 中止导游活动，是指在导游过程中，擅自中止导游活动的行为。一般来说，构成中止导游活动必须______。

A. 必须在导游活动结束之前　　B. 必须是擅自中止

C. 必须是彻底中止　　D. 必须征得游客的同意

E. 必须立即报告旅行社

19. 关于导游人员和旅行社的关系，以下说法中正确的是______。

A. 导游是旅行社的代理人

B. 导游是旅行社的法人代表

C. 导游人员一切行为的后果由旅行社承担

D. 导游人员工作行为的后果由旅行社承担

E. 导游是旅行社的正式员工

20. 导游人员在进行导游活动时，以下哪些行为是违反其职责的______。

A. 导游人员私自承揽导游业务，进行导游活动

B. 导游人员拒绝旅游者提出的侮辱其人格的要求

C. 导游人员制止旅游者违背旅游区民族风俗的行为

D. 导游人员擅自增加旅游项目

E. 导游人员引导旅游者文明旅游

21. 国家对导游人员实行计分管理，下列属于一次扣除 4 分的行为有______。

A. 私自带人随团旅游的

B. 无故不随团活动的

C. 未按规定时间到岗的

D. 在导游活动中未佩戴导游证或未携带计分卡的

E. 导游人员擅自增加旅游项目的

22. 国家对导游人员实行计分管理，下列属于一次扣除 10 分的行为有______。

A. 欺骗、胁迫旅游者消费的

B. 因自身原因造成旅游团重大危害和损失的

C. 讲解中掺杂庸俗、下流、迷信内容的

D. 有损害国家利益和民族尊严言行的

E. 讲解中掺杂庸俗、下流、迷信内容的

23. 导游领队为引导旅游者文明旅游，工作中应掌握的知识有______。

A. 我国旅游法律、法规、政策以及有关规范性文件关于文明旅游的规定和要求

B. 基本的文明礼仪知识和规范

C. 旅游目的地法律规范、宗教信仰、风俗禁忌

D. 旅游目的地礼仪知识、社会公德

E. 世界各国的语言

24. 导游领队为引导旅游者文明旅游，工作期间应在______方面做到率先垂范。

A. 以身作则

B. 掌握必要的紧急情况处理技能

C. 兼具为旅游者提供服务，与引导旅游者文明旅游两项职责

D. 言行规范，举止文明

E. 注重仪容仪表、衣着得体

25. 导游领队为合理引导旅游者文明旅游，就应该______。

A. 代表旅行社与旅游者解除合同

B. 引导应诚恳、得体

C. 有维护文明旅游的主动性和自觉性

D. 关注旅游者的言行举止，在适当时机对旅游者进行相应提醒、警示、劝告

E. 积极主动营造轻松和谐的旅游氛围，引导旅游者友善共处、互帮互助，引导旅游者相互督促、友善提醒

26. 导游领队应引导旅游者文明旅游，《导游领队引导文明旅游规范》规定引导的主要内容有______。

A. 法律法规　　B. 风俗禁忌

C. 绿色环保　　D. 礼仪规范　　E. 据理力争

27.《导游领队引导文明旅游规范》规定，导游领队人员应提醒旅游者注意基本的礼仪规范有______。

A. 仪容整洁　　B. 大声喧哗

C. 拥挤争抢　　D. 遵序守时　　E. 言行得体

28. 导游领队人员应引导旅游者在旅游过程中保持良好心态，______，展现良好形象。通过旅游提升文明素养。

A. 违规抽烟　　B. 尊重他人

C. 遵守规则　　D. 恪守契约　　E. 包容礼让

29. 导游领队引导旅游者登机（车、船）与出入口岸时，应______。

A. 提醒旅游者提前办理检票、安检、托运行李等手续，不携带违禁物品

B. 组织旅游者依序候机（车、船），并优先安排老人、未成年人、孕妇、残障人士

C. 抢占上下交通工具方便的座位给自己随行的亲朋好友

D. 提醒旅游者不抢座、不占位

E. 引导旅游者主动配合机场、车站、港口以及安检、边防（移民局）、海关的检查和指挥

30. 导游领队引导旅游者乘坐公共交通工具时应当______。

A. 提醒旅游者保持交通工具内的环境卫生，不乱扔乱放废弃物

B. 不长时间占用通道或卫生间，不强行更换座位，不强行开启安全舱门

C. 提醒旅游者遵守和配合乘务人员指示

D. 无限制索要免费餐饮

E. 利用乘坐交通工具的时间，将文明旅游的规范要求向旅游者进行说明和提醒

31. 导游领队带领旅游者住宿时应当______。

A. 走廊等公共区域可随意穿衣说话

B. 提醒旅游者尊重服务人员，服务人员问好时要友善回应

C. 指引旅游者爱护和正确使用住宿场所设施设备

D. 引导旅游者减少一次性物品的使用，减少环境污染，节水节电

E. 提醒旅游者在客房内消费的，应在离店前主动声明并付费

32. 导游领队带领旅游者就餐时应当______。

A. 提醒旅游者自助餐区域的食物、饮料能带离就餐区

B. 提醒旅游者注意用餐礼仪，有序就餐，避免高声喧哗干扰他人

C. 引导旅游者就餐时适量点用，避免浪费

D. 提醒旅游者正确使用公共餐具

E. 就餐环境对服装有特殊要求的，导游领队应事先告知旅游者

33. 导游领队带领旅游者游览时应当______。

A. 提醒旅游者遵守游览场所规则，依序文明游览

B. 提示旅游者爱护环境、不攀折花草、不惊吓伤害动物，不进入未开放区域

C. 提示旅游者爱护公物、保护文物，不攀登、骑跨或胡写乱画

D. 在参观博物馆、教堂等室内场所时，导游领队应提示旅游者抓紧机会抢占有利位置拍照留念

E. 将文明旅游的内容融合在讲解词中，进行提醒和告知

34. 导游领队应组织旅游者安全、______参与娱乐活动。

A. 随意　　B. 放松　　C. 有序　　D. 文明　　E. 理性

35. 导游领队带领旅游者购物时应当提醒旅游者______。

A. 试吃试用商品可随意取用

B. 理性、诚信消费，适度议价，善意待人，遵守契约

C. 遵守购物场所规范，保持购物场所秩序，不哄抢、喧哗

D. 尊重购物场所购物数量限制

E. 不随意占用购物场所非公共区域的休息座椅

36. 对于旅游者因无心之过而与旅游目的地风俗禁忌、礼仪规范不协调的行为，应______。

A. 代表旅行社与其解除旅游合同

B. 主动向相关执法、管理机关报告，寻求帮助

C. 及时提醒和劝阻

D. 依法处理

E. 必要时协助旅游者赔礼道歉

旅游安全管理法律法规制度

一、单项选择题

1. 一次事故造成旅游者重伤，或经济损失在 10 万至 100 万（含 10 万）元人民币者属于______。

A. 轻微事故　B. 一般事故　C. 重大事故　D. 特大事故

2. 国家建立旅游目的地安全风险提示制度。该制度的级别划分和实施程序由______会同有关部门制定。

A. 全国人大　B. 国务院

C. 国务院旅游主管部门　D. 省级旅游主管部门

3. 外国旅游者在华旅游期间发生伤亡事故应当立即通过______通知有关国家驻华使领馆和组团单位。

A. 公安部门　B. 旅行社　C. 当地政府　D. 外事管理部门

4. 根据《重大旅游安全事故报告制度试行办法》，各省、自治区、直辖市、计划单列市旅游行政管理部门都有责任将重大旅游安全事故上报______。

A. 国务院　B. 中国红十字总会

C. 中国旅游紧急救援协调机构　D. 国家安全机构

5. 根据《旅游法》，旅游经营者______对直接为旅游者提供服务的从业人员开展经常

性应急救助技能培训。

A. 应当　　B. 可以　　C. 严禁　　D. 不得

6. 我国采取的旅游安全管理工作的方针是______。

A. 安全第一，预防为主

B. 统一领导，分级管理，以基层为主

C. 没有安全，便没有旅游业的发展

D. 保障游客的人身、财产安全

7. 在某次旅游安全事故中，造成旅游者 1 人轻伤，经济损失 10 万元，属于______。

A. 轻微事故　　B. 一般事故　　C. 重大事故　　D. 特大事故

8. 旅游安全轻微事故，是指一次事故造成旅游者轻伤，或经济损失在人民币______。

A. 5000 元以下的　　B. 1 万元以下的

C. 5000 元至 1 万元的　　D. 1000 元至 1 万元的

9. 下列情形属于特别重大旅游事故的是______。

A. 有 10 人受重伤　　B. 有 1 人死亡

C. 经济损失在 100 万元人民币以上　　D. 有 20 人轻伤

二、多项选择题

1. 外国旅游者在我国境内正常死亡，下列做法正确的是______。

A. 立即进行尸体解剖，以出具“死亡证明书”

B. 通知外国使领馆

C. 通知死者家属

D. 立即将尸体就地火化

E. 写出“死亡善后处理情况报告”

2. 根据《旅游法》，旅游经营者组织、接待______等旅游者，应当采取相应的安全保障措施。

A. 老年人　　B. 未成年人　　C. 残疾人　　D. 学生　　E. 孕妇

3. 根据《重大旅游安全事故报告制度试行办法》，重大旅游安全事故是指______。

A. 造成海外旅游者人身重伤、死亡的事故

B. 涉外旅游住宿、交通、游览场所的重大火灾及其他恶性事故

C. 涉外旅游餐饮、娱乐、购物场所的重大火灾及其他恶性事故

D. 经济损失在 100 万元以上的事故

E. 造成其他经济损失严重的事故

4. 根据《重大旅游安全事故处理程序试行办法》，事故发生后，报告单位应______。

A. 立即派人赶赴现场

B. 组织抢救工作

C. 保护事故现场

D. 及时报告当地公安部门

E. 及时报告当地卫生行政部门

旅游保险法律法规制度

一、单项选择题

1.《中华人民共和国保险法》规定，保险人与被保险人或受益人达成赔偿协议后，应在______履行赔偿或给付义务。

A. 7 日内　B. 10 日内　C. 30 日内　D. 60 日内

2. 旅游人身意外伤害保险的保险期限，一般是指旅游者______开始，到行程结束后离开旅行社安排的交通工具止。

A. 与旅行社签订旅游合同　B. 检票进站

C. 中途登上交通工具　D. 踏上旅行社提供的交通工具

3. 在保险合同中，保险索赔的权利人是______。

A. 投保人或保险人　B. 投保人或被保险人

C. 投保人或受益人　D. 被保险人或受益人

4. 旅行社责任保险的保险期限为______。

A.6 个月　B.1 年　C. 18 个月　D.2 年

5. 旅行社责任保险的受益人为______。

A. 旅游者　B. 旅行社　C. 导游和领队　D. 旅行社经理

6. 旅行社向保险人请求赔偿或者给付保险金的索赔时效期限为_______，自其知道或者应当知道保险事故发生之日起计算。

A. 1 年　　B. 2 年　　C. 3 年　　D. 4 年

7. 旅行社责任保险合同对______权益损失不承担保险赔偿责任。

A. 旅游者的人身伤亡　　B. 旅游者的财产损失

C. 导游或领队的人身伤亡　　D. 导游或领队的财产损失

8. 旅行社责任保险的责任限额由旅行社与保险公司协商确定，但每人人身伤亡责任限额不得低于______人民币。

A. 8 万元　　B. 16 万元　　C. 20 万元　　D. 30 万元

9. 保险产品按照是否可以单独投保，可以分为______。

A. 自愿保险与强制保险　　B. 基本险与附加险

C. 人寿险与财产险　　D. 大病险与理财险

10. 保险产品按照投保人可否自愿选择，可以分为______。

A. 自愿保险与强制保险　　B. 基本险与附加险

C. 人寿险与财产险　　D. 大病险与理财险

11._______，又称保险金受领人，是指由投保人或者被保险人在保险合同中指定的，于保险事故发生时享有赔偿请求权的人。

A. 投保人　　B. 保险人

C. 被保险人　　D. 受益人

12. 保险合同的______是指保险法律关系的客体，即保险合同当事人权利义务所指向的对象，也即保险利益。

A. 主体　　B. 客体　　C. 权利和义务　　D. 内容

13. 旅行社投保旅行社责任保险一般______投保，既可依法自主投保，也可有组织统一投保。

A. 按旅游合同时间　　B. 按季度

C. 按年度　　D. 每 3 年一次

14. 因第三者损害而造成保险事故的，保险公司自直接赔偿保险金或者先行支付抢救费用之日起，在赔偿、支付金额范围内有向______请求赔偿的代位请求权。

A. 第三者　　B. 旅游者　　C. 导游或领队　　D. 旅行社

二、多项选择题

1. 旅游保险的特点有______。

A. 短期性　　B. 财产保险与人身保险相结合

C. 随附性　　D. 强制保险和自愿保险相结合

E. 短期保险与长期保险相结合

2. 保险合同当事人一般是指______。

A. 保险人　　B. 投保人　　C. 被保险人　　D. 受益人　　E. 保险辅助人

3. 保险合同关系人一般是指______。

A. 保险人　　B. 投保人　　C. 被保险人　　D. 受益人　　E. 保险辅助人

4. 保险索赔的权利人是______。

A. 投保人　　B. 保险人　　C. 被保险人　　D. 受益人　　E. 保险辅助人

5. 下列关于旅行社责任保险的说法正确的是______。

A. 保险费由旅行社向游客收取并代游客交付保险公司

B. 保险事故发生的责任者是旅行社

C. 损害赔偿责任的承担者是承保的保险公司

D. 旅行社责任保险属于强制保险

E. 被保险人是旅游者、导游和领队

6. 某旅行社向某保险公司投保了旅行社责任保险，该旅行社为保险合同的______。

A. 投保人　　B. 被保险人　　C. 受益人　　D. 保险人　　E. 保险辅助人

7. 旅行社责任保险合同对以下______权益损失承担保险赔偿责任。

A. 旅游者的人身伤亡　　B. 旅游者的财产损失

C. 导游或领队的人身伤亡　　D. 导游或领队的财产损失

E. 旅游者的精神损害

8. 旅行社责任保险的保险责任，具体包括______。

A. 因旅行社疏忽或过失应当承担赔偿责任的

B. 因旅游者疏忽或过失应由旅游者承担责任的

C. 因发生意外事故旅行社应当承担赔偿责任的

D. 国家旅游局会同中国保监会规定的其他情形

E. 因不可抗力原因造成的损失

9. 旅行社责任保险不承担赔偿责任的情形有______。

A. 旅游行程中旅游者自身疾病引起的损失或损害

B. 旅游者个人过错导致的人身伤亡和财产损失

C. 旅游者在自行终止旅行社安排的旅游行程后，发生的人身、财产损害

D. 旅游者在不参加双方的约定活动而自行活动的时间内，发生的人身、财产损害

E. 因发生意外事故旅行社应当承担赔偿责任的

10. 旅行社责任保险赔偿的程序有______。

A. 提出请求　　B. 核定责任

C. 支付赔偿金　　D. 代位请求

E. 签订旅行社责任保险合同

11. 旅行社未按照规定投保旅行社责任险的，旅游行政管理部门可对其______。

A. 责令改正，没收违法所得，并处 5000 元以上 5 万元以下的罚款

B. 违法所得 5 万元以上的，并处违法所得 1 倍以上 5 倍以下罚款

C. 暂扣旅行社业务经营许可证 3 至 6 个月

D. 情节严重的，责令停业整顿或吊销旅行社业务经营许可证

E. 对直接负责的主管人员和其他直接责任人员，处 2000 元以上 2 万元以下罚款

12. 根据旅行社责任保险统保示范产品协议书的规定，保险人对旅游者人身伤害应承担的赔偿责任，包括但不限于______。

A. 因被保险人过失应当承担的赔偿责任

B. 因发生意外事故被保险人应当承担的赔偿责任

C. 经人民法院判决或仲裁机构裁决被保险人应当承担的赔偿责任

D. 经旅行社责任保险调解处理中心认定或事故鉴定委员会认定被保险人应当承担的赔偿责任

E. 旅游者财产在被保险人或旅游辅助服务者的集中照管下损失的

13. 旅行社责任保险统保示范产品对下列旅行社组织的旅游活动中发生的人身损害承担赔偿责任的有______。

A. 交通事故或食物中毒事件

B. 旅行社因过失未采取必要的保护、救助措施，致使损害进一步扩大的

C. 旅行社因过失，对旅游行程或旅游项目安排不当，发生旅游者人身伤害事件的

D. 对伤者转院治疗中支出的合理、必要的交通费、食宿费用

E. 经人民法院判决应由被保险人向旅游者承担的精神损害赔偿责任

14. 旅行社责任保险统保示范产品对下列旅行社组织的旅游活动中发生的旅游者财产损失承担赔偿责任的有______。

A. 旅游者财产有明显被盗窃痕迹的

B. 旅游者财产在被保险人或旅游辅助服务者的集中照管下损失的

C. 在旅游者人身伤害事件中同时发生财产损失的

D. 旅游者的旅行证件在被保险人集中照管下丢失后重办的费用

E. 因发生意外事故造成旅游者人身伤害

15. 旅行社投保统保产品的方式有______。

A. 网络投保　　B. 电话协助投保

C. 现场投保　　D. 委托投保

E. 代理投保

16.______是不能单独投保，只能附加于主险投保的保险险种。

A. 对旅游者人身伤害的赔偿责任

B. 紧急救援费用保险

C. 旅程延误保险

D. 旅行取消损失保险

E. 抚慰金附加保险

旅游出入境管理法律法规制度

一、单项选择题

1. 根据我国《出境入境管理法》的规定，外国人非法居留受到处罚，下列说法正确的是______。

A. 处每非法居留1日300元罚款

B. 处5日以上15日以下拘留

C. 监护人未尽到监护义务的，处2000元以下罚款

D. 处总额超过2万元的罚款

2. 根据我国《出境入境管理法》的规定，对弄虚作假骗取签证，停留、居留证件等出入境证件的行为人处罚错误的是______。

A. 处2000元以上5000元以下罚款

B. 情节严重的，处10日以上15日以下拘留

C. 单位有以上行为的，处2万元以上5万元以下罚款

D. 情节严重的，处5000元以上2万元以下罚款

3. 根据我国《出境入境管理法》的规定，出境入境证件作废、无效的说法错误的是______。

A. 出境入境证件发生损毁　　B. 出境入境证件被盗抢

C. 伪造、变造、骗取证件　　D. 出境入境证件过期

4. 根据我国《出境入境管理法》的规定，对协助他人非法出境入境的行为人进行处罚的说法错误的是______。

A. 处2000元以上1万元以下罚款

B. 情节严重的，处5日以上15日以下拘留

C. 单位有以上行为的，处1万元以上5万元以下罚款

D. 有违法所得的，没收违法所得

5. 对违反出境入境管理行为处______罚款的，出入境边防检查机关可以当场做出处

罚决定。

A.500 元以下　　B. 600 元以下　　C.800 元以上　　D. 1000 元以上

6. 外国人在中国境内住宿应按规定办理住宿登记。在中国居民家住宿的，须于入住后______小时内到当地公安机关办理登记。

A.8　　B.12　　C.24　　D.72

7. 被驱逐出境的外国人，自被驱逐出境之日起______内不准入境。

A.3 年　　B.5 年　　C.10 年　　D.15 年

8. 旅行社组成______以上的团队来中国旅游，可申请团体旅游签证。

A. 6 人　　B. 9 人　　C. 15 人　　D.20 人

9. 出境入境交通运输工具载运不准出境入境人员出境入境的，处每载运一人______罚款。

A. 5000 元以上 5 万元以下　　B. 5000 元以上 1 万元以下

C. 8000 元以上 1.5 万元以下　　D. 6000 元以上 2 万元以下

10.______是主权国家发给本国公民出入境和在国外居留旅行等合法的身份证件，以其证明该公民的国籍、身份及出国目的。

A. 护照　　B. 签证　　C. 旅行证　　D. 出入境通行证

11.______是主权国家官方机构发给外国公民入出该国国境或外国人在该国内停留，居住的许可证明。

A. 护照　　B. 签证　　C. 旅行证　　D. 出入境通行证

12. 公民因非法出境、非法居留等被遣返回国的，公安机关自其被遣返回国之日起______内不予签发普通护照。

A. 6 个月　　B. 10 个月　　C. 3 年　　D. 6 个月到 3 年

13. 根据我国《出境入境管理法》的规定，被遣送出境的人员，自被遣送出境之日起______内不准入境。

A. 1 至 3 年　　B. 1 至 5 年　　C. 3 至 5 年　　D. 5 至 8 年

14. 根据我国《出境入境管理法》的规定，外国人对依照本法规定对其实施的措施不服的，可以依法申请行政复议的说法错误的是______。

A. 继续盘问　　B. 拘留审查　　C. 不限制活动范围　　D. 遣送出境

15. 根据我国《出境入境管理法》的规定，年满______周岁的外国人在中国境内停留居留，应当携带本人的护照或者其他国际旅行证件，接受公安机关的查验。

A. 14　　B. 16　　C. 18　　D.20

16. 根据我国《出境入境管理法》的规定，需要延长签证停留期限的，应当在签证注明的停留期限届满______前向公安机关出入境管理机构申请。

A. 7 日　　B. 10 日　　C. 15 日　　D.30 日

17. 根据我国《出境入境管理法》的规定，临时入境的期限不得超过______。

A. 10 日　　B. 15 日　　C. 30 日　　D.45 日

18. 根据我国《出境入境管理法》的规定，下列各项不属于普通签证的是______。

A. 工作　　B. 商务活动　　C. 人才引进　　D. 公务事由

19. 根据我国《出境入境管理法》的规定，签证的登记项目不包括______。

A. 入境有效期　　B. 停留期限　　C. 身份证　　D. 护照

20. 根据我国《出境入境管理法》的规定，外国人在中国境内工作管理办法由______规定。

A. 国务院　　B. 外交部　　C. 侨务部门　　D. 公安机关

21. 根据我国《出境入境管理法》的规定，限制外国人活动范围的期限不得超过______。

A. 15 日　　B. 30 日　　C. 60 日　　D. 90 日

二、多项选择题

1. 根据我国《出境入境管理法》的规定，下列各项属于出境、入境的是______。

A. 由中国内地前往其他国家或者地区

B. 由中国大陆前往台湾地区

C. 由香港前往台湾地区

D. 由香港、澳门进入中国内地

E. 由台湾地区进入中国大陆

2. 下列各项属于《出境入境管理法》适用范围的是______。

A. 中国公民出境入境　　B. 交通运输工具出境入境的边防检查

C. 外国人在中国境内停留居留的管理　　D. 外国人入境出境

E. 中国公民在境内居住的管理

3. 根据中国法律规定，______外国人包括旅游者，不准入境。

A. 被中国政府驱逐出境，未满不准入境年限的

B. 患有心脏病、艾滋病的

C. 危害中国国家安全的

D. 进行走私、贩毒等活动的

E. 未持有效出境入境证件

4. 根据英国人 L 先生所持的普通签证，我们可以判断其来中国的事由是______。

A. 来中国旅游　　B. 来中国探亲

C. 来中国定居　　D. 来中国学习

E. 来中国工作

5. 外国人未持有效旅行证，前往不对外国人开放的地区旅行的，县级以上的公安机关可以处以______。

A. 责令立即离开

B. 情节严重的，处 5 日以上 10 日以下拘留

C. 情节严重的，处限期出境

D. 一律以刑事责任来追究

E. 情节严重的，驱逐出境

6. 根据我国政府关于公民出入境的管理规定，不准出境的情形包括______。

A. 刑事案件被告人　　B. 曾因故意犯罪被判处刑罚尚未执行完毕的

C. 心脏病患者　　D. 人民法院通知有未了民事案件的当事人

E. 未持有效出境入境证件或者拒绝、逃避接受边防检查的

7. 我国规定对外国旅游者进行“一关四检”的检查制度是指______。

A. 海关检查　　B. 边防检查

C. 安全检查　　D. 卫生、动植物检疫

E. 病毒检查

8. 中国公民出境入境应当申办的证件有______。

A. 护照　　B. 港澳台通行证

C. 前往国签证　　　　　　D. 身份证

E. 其他旅行证件

9. 根据我国《出境入境管理法》的规定，签证的类型分为______。

A. 外交签证　B. 礼遇签证　C. 口岸签证　D. 普通签证　E. 公务签证

10. 根据我国《出境入境管理法》的规定，外国人不予签发签证的情形有______。

A. 被处驱逐出境，未满入境年限的

B. 患有严重精神障碍

C. 危害中国国家安全和利益

D. 在申请签证过程中弄虚作假

E. 在申请签字过程中有感冒症状

旅游交通管理法律法规制度

一、单项选择题

1.《民用航空法》规定，旅客随身携带物品或者托运行李的毁灭、遗失或者损坏完全是由于行李本身的自然属性、质量或者缺陷造成的，承运人______责任。

A. 应当承担　　B. 不承担　　C. 承担部分　　D. 承担连带

2.《民用航空法》规定，因发生在民用航空器上或者在旅客上、下民用航空器过程中的事件，造成旅客人身伤亡的，承运人______责任。

A. 应当承担　　B. 不承担　　C. 承担部分　　D. 承担连带

3. 李某患有心脏病，在乘坐某航班飞行时旧病复发，导致死亡，依据有关法规，承运人______。

A. 应承担责　　B. 承担主要责任　C. 承担次要责任　D. 不承担责任

4.《民用航空法》规定，因______，承运人不承担法律责任。

A. 飞机坠毁造成乘客死亡　　　B. 空中颠簸造成乘客受伤

C. 乘客在飞机上被劫持者杀害　D. 乘客死亡给他人造成精神痛苦

5. 根据《国内航空运输承运人赔偿责任限额规定》，对每名旅客随身携带物品的赔偿责任限额为人民币______。

A.2000 元　B.3000 元　C.40 万　D.15 万

6. 根据《国内航空运输承运人赔偿责任限额规定》，对每名旅客的赔偿责任限额为人民币______。

A.2000 元　B.3000 元　C.40 万　D.15 万

7. 根据《铁路法》，铁路运输企业逾期______仍未将货物、包裹、行李交付收货人或者旅客的，托运人、收货人或者旅客有权按货物、包裹、行李灭失向铁路运输企业要求赔偿。

A. 10 日　B. 15 日　C. 20 日　D. 30 日

8. 铁路的旅客票价率和货物、行李的运价率实行______，竞争性领域实行市场调节价。

A. 单一的政府定价　B. 政府指导价或者政府定价

C. 市场调节价　D. 市场调节价或者政府定价

9. 根据《国内水路运输管理条例》，旅客班轮运输业务经营者自取得班轮航线经营许可之日起______日内未开航的，由负责水路运输管理的部门责令改正；拒不改正的，由原许可机关撤销该项经营许可。

A.20　B.30　C.50　D.60

10. 根据《国内水路运输管理条例》，班轮运输业务经营者未提前向社会公布所使用的船舶、班期、班次和运价或者其变更信息的，由负责水路运输管理的部门责令改正，处______的罚款。

A.1000 元以上 1 万元以下　B.2000 元以上 2 万元以下

C.3000 元以上 3 万元以下　D.5000 元以上 5 万元以下

11. 根据《国内水路运输管理条例》，旅客班轮运输业务经营者应当自取得班轮航线经营许可之日起______日内开航，并在开航______日前公布所使用的船舶、班期、班次、运价等信息。

A.60　15　B.30　15　C.30　60　D.60　30

二、多项选择题

1.《民用航空法》规定，因发生在航空运输期间的事件，造成货物毁灭、遗失或者损坏的，承运人应当承担责任。但是，承运人证明货物的毁灭、遗失或者损坏完全是由于______造成的，不承担责任。

A. 承运人或者其受雇人、代理人包装货物的，货物包装不良

B. 货物本身的自然属性、质量或者缺陷

C. 承运人或者其受雇人、代理人以外的人包装货物的，货物包装不良

D. 战争或者武装冲突

E. 政府有关部门实施的与货物入境、出境或者过境有关的行为

2. 根据《铁路法》规定，下列属于承运人的义务的有______。

A. 保证旅客和货物运输的安全，做到列车正点到达

B. 保证旅客按车票载明的日期、车次乘车，并到达目的站

C. 保持车站和车厢内的清洁卫生，提供饮用开水

D. 列车上实行免费饮食供应

E. 采取措施，防止对铁路沿线环境的污染

3. 根据《铁路法》规定，由于______原因造成的货物、包裹、行李损失的，铁路运输企业不承担赔偿责任。

A. 不可抗力

B. 货物或者包裹、行李中的物品本身的自然属性

C. 托运人、收货人的过错

D. 旅客的过错

E. 承运人的过错

4. 根据《国内水路运输管理条例》，水路运输经营者有______的，由海事管理机构依法予以处罚。

A. 未按照规定配备船员或者未使船舶处于适航状态

B. 超越船舶核定载客定额或者核定载重量载运旅客或者货物

C. 使用货船载运旅客

D. 使用未取得危险货物适装证书的船舶运输危险货物

E. 客船经常延误

5. 根据《国内水路运输管理条例》，下列属于承运人义务的有______。

A. 水路运输经营者应当在依法取得许可的经营范围内从事水路运输经营

B. 水路运输经营者可以使用货船载运旅客，但不得使用客船载货

C. 水路运输经营者应当使用符合规定条件、配备合格船员的船舶，并保证船舶处于适航状态

D. 水路运输经营者应当按照船舶核定载客定额或者载重量载运旅客、货物

E. 水路运输经营者运输危险货物，应当使用依法取得危险货物适装证书的船舶

旅游饭店管理法规制度

一、单项选择题

1. 在______情况下，旅游饭店不能拒绝接待旅客。

A. 客人已满，无客房出租　　B. 旅客衣衫不整且言行过于粗俗

C. 旅客有明显感冒症状　　D. 旅客欲利用客房进行违法活动

2. 我国旅游行政管理部门设立______旅游饭店星级评定机构，负责星级评定工作。

A. 二级　　B. 三级　　C. 四级　　D 五级

3. 全国旅游星级饭店评定委员会具体组织实施对______饭店的星级评定和复核工作。

A. 二星级　　B. 三星级　　C. 四星级　　D. 五星级

4. 省级旅游星级饭店评定委员会具体组织实施对______饭店的星级评定和复核工作。

A. 二星级　　B. 三星级　　C. 四星级　　D. 五星级

5. 地区旅游星级饭店评定委员会具体组织实施对______及以下饭店的星级评定和复核工作。

A. 二星级　　B. 三星级　　C. 四星级　　D. 五星级

6. 旅游饭店的星级标志有效期为______。

A.3 年　　B.4 年　　C.5 年　　D.6 年

7. 国家级星评员对五星级饭店的评定检查工作应在______内完成。

A.12—24 小时　　B.24—36 小时

C.36—48 小时　　D.48—56 小时

8. 凡在中华人民共和国境内正式营业______以上的旅游饭店，均可申请星级评定。

A. 6 个月　　B. 1 年　　C. 2 年　　D. 3 年

9. 我国旅游饭店星级分为______个级别。

A. 4　　B. 5　　C. 6　　D. 7

10. 四星级饭店的评定检查工作应在______内完成。

A.24 小时　　B.36 小时　　C.48 小时　　D.56 小时

11. 全国星评委保留对______星级饭店评定结果的否决权。

A. 一星级到二星级　　B. 一星级到三星级

C. 一星级到四星级　　D. 一星级到五星级

12. 饭店法最早始于中世纪，产生于______。

A. 法国　　B. 日本　　C. 英国　　D. 瑞士

13. 根据《娱乐场所管理条例》，每日______，娱乐场所不得营业。

A. 凌晨 3 点至上午 6 点　　B. 凌晨 2 点至上午 8 点

C. 凌晨 1 点至上午 6 点　　D. 凌晨 3 点至上午 8 点

14. 根据《娱乐场所管理条例》，娱乐场所未悬挂警示标志、未成年人禁入或者限入标志的，由县级人民政府文化主管部门、县级公安部门依据法定职权______。

A. 责令改正，给予警告　　B. 罚款 5000 元

C. 停业整顿 1—3 个月　　D. 罚款 1 万—3 万元

15. 根据《娱乐场所管理条例》，娱乐场所招用未成年人的，由劳动保障行政部门责令改正，并按照每招用一名未成年人每月处______元罚款的标准给予处罚。

A.1000　　B.3000　　C.5000　　D.1 万

二、多项选择题

1. 旅游饭店在______情形下，可以拒绝接待游客。

A. 客人已满，无客房出租　　B. 旅客衣衫不整且言行过于粗俗

C. 旅客有明显感冒症状　　D. 旅客欲利用客房进行违法活动

E. 旅客拒不履行住宿登记手续

2. 旅游饭店的权利有______。

A. 有权要求旅客遵守饭店的有关规章

B. 有权制止旅客在饭店内的违法行为

C. 有权要求旅客赔偿给饭店造成的损失

D. 有权保障旅客的人身安全和财产安全

E. 有权保障游客的隐私权

3.______属于旅游饭店的义务。

A. 按照有关规定收取费用　　B. 为旅客提供约定的服务

C. 尊重旅客隐私权　　D. 向旅客提供真实可靠的信息

E. 保障旅客的人身安全和财产安全

4. 关于我国旅游饭店星级评定制度说法不正确的有______。

A. 全国旅游星级饭店评定委员会由国家旅游局设立，是负责全国星评工作的最高机构

B. 饭店可以“准 × 星”“超 × 星”或者“相当于 × 星”等作为宣传手段

C. 我国旅游饭店星级分为 6 个级别，即一星级、二星级、三星级、四星级、五星级和七星级（白金五星级）

D. 我国饭店星级评定检查员资格实行终身制

E. 用星的数量和颜色表示旅游饭店的星级

5. 关于星级饭店的说法正确的有______。

A. 凡是在中国境内正式营业满半年的饭店，均可以申报星级

B. 饭店的星级标志有效期为 3 年，到期前 3 个月申请换发

C. 饭店的星级标志有效期为 3 年，期满后重新评定

D. 饭店不可以“准 × 星”“超 × 星”或者“相当于 × 星”等作为宣传手段

E. 星级饭店年度复核工作由饭店对照星级标准自查自纠

6. 国家机关及其工作人员不得开办娱乐场所，不得参与或者变相参与娱乐场所的经营活动。与文化主管部门、公安部门的工作人员有______关系的亲属，不得开办娱乐场所，不得参与或者变相参与娱乐场所的经营活动。

A. 夫妻　　B. 直系血亲

C. 三代以内旁系血亲　　D. 近姻亲　　E. 利害

7. 根据《娱乐场所管理条例》，下列说法正确的是______。

A. 娱乐场所不得进行赌博行为

B. 任何人不得携带枪支、弹药、管制器具或者携带爆炸性、易燃性、毒害性、放射性、腐蚀性等危险物品和传染病病原体进入娱乐场所

C. 除国家法定节假日外，游艺娱乐场所设置的电子游戏机不得向未成年人提供

D. 娱乐场所应当与保安服务企业签订保安服务合同，配备专业保安人员；不得聘用其他人员从事保安工作

E. 歌舞娱乐场所使用的歌曲点播系统不得与境外的曲库连接

8. 根据《娱乐场所管理条例》，营业期间娱乐场所应当保证疏散通道和安全出口畅通，不得______。

A. 封堵、锁闭疏散通道和安全出口

B. 在疏散通道和安全出口设置栅栏等影响疏散的障碍物

C. 遮挡、覆盖指示标志

D. 提供或者从事以营利为目的的陪侍

E. 从事邪教、迷信活动

9. 根据《娱乐场所管理条例》，禁止娱乐场所内的娱乐活动含有______内容。

A. 违反国家宗教政策，宣扬邪教、迷信的

B. 违背社会公德或者民族优秀文化传统的

C. 侮辱、诽谤他人，侵害他人合法权益的

D. 违反宪法确定的基本原则的

E. 违反劳动纪律或公司章程的

食品安全管理法律法规制度

一、单项选择题

1. 下面关于食品安全的表述，正确的是______。

A. 经过高温灭菌过程，食品中不含有任何致病微生物

B. 食品无毒、无害，符合应当有的营养要求，对人体健康不造成任何急性、亚急性或者慢性危害

C. 原料天然，食品中不含有任何人工合成物质

D. 虽然过了保质期，但外观、口感正常

2. 国家对食品生产经营实行许可制度。从事餐饮服务，应当依法取得______。

A. 食品卫生许可　　B. 食品生产许可

C. 食品流通许可　　D. 餐饮服务许可

3. 被吊销食品生产、流通或者餐饮服务许可证的单位，其直接负责的主管人员自处罚决定做出之日起______内不得从事食品生产经营管理工作。

A. 2 年　B. 3 年　C. 4 年　D. 5 年

4. 根据《食物中毒事故处理办法》的规定，中毒人数超过 30 人的，县级以上地方人民政府卫生行政部门当于______内报告同级人民政府和上级人民政府卫生行政部门。

A.6 小时　B.12 小时　C.24 小时　D.48 小时

5. 超过保质期限的食品______。

A. 可继续销售　B. 可降价销售　C. 不能销售　D. 可作处理食品销售

6. 在中国境内市场销售的进口食品，必须使用的标识是______。

A. 英文　B. 中文　C. 拼音标识　D. 其他文字

7. 生产经营的食品中不得添加______。

A. 药品　B. 中药材　C. 化合剂　D. 增白剂

8. 进口的食品、食品添加剂以及食品相关产品应当符合______。

A. 出口国国家食品安全标准　　B. 中国食品安全国家标准

C. 美国食品安全标准　　D. 第三国食品安全标准

9. 社会团体或者其他组织、个人在虚假广告中向消费者推荐食品，使消费者的合法权益受到损害的，与食品生产经营者承担______责任。

A. 相同　B. 基本相同　C. 连带　D. 不承担

10. 对食物中毒或者疑似食物中毒事故隐瞒、谎报、拖延、阻挠报告的单位和个人，由______人民政府卫生行政部门责令改正，并可以通报批评。

A. 县级以上　B. 市级以上　C. 省级以上　D. 国家级

二、多项选择题

1. 在中华人民共和国境内从事______活动，应当遵循《食品安全法》。

A. 享用食品

B. 食品的贮存和运输

C. 食品生产经营者使用食品添加剂、食品相关产品

D. 用于食品的包装材料、容器、洗涤剂、消毒剂和用于食品生产经营的工具、设备的生产经营

E. 食品生产和加工，食品销售和餐饮服务

2. 根据《食品安全法》，国家对食品生产经营实行许可制度。从事______应当依法取得许可。

A. 食品生产　　B. 食品销售

C. 餐饮服务　　D. 销售食用农产品

E. 休闲娱乐服务

3. 食品安全工作实行______，建立科学、严格的监督管理制度。

A. 预防为主　　B. 统一领导

C. 风险管理　　D. 全程控制

E. 社会共治

4. 以下______部门不得以广告或其他形式向消费者推荐食品。

A. 食品安全监管部门　　B. 承担食品检验职责的机构

C. 食品行业协会　　D. 商会

E. 企业联合组织

5. 发生食物中毒或者疑似食物中毒事故的单位和接收食物中毒或者疑似食物中毒病人进行治疗的单位应当及时向所在地人民政府卫生行政部门报告发生食物中毒事故的______等有关内容。

A. 单位　　B. 地址　　C. 时间　　D. 中毒人数　　E. 导游相关情况

6. 以下说法正确的是______。

A. 对食物中毒或者疑似食物中毒事故隐瞒、谎报、拖延、阻挠报告的单位和个人，由县级以上人民政府卫生行政部门责令改正，并可以通报批评

B. 保健食品声称保健功能，应当具有科学依据，不得对人体产生急性、亚急性或者慢性危害，应当声明“本品不能代替药物”

C. 食品添加剂是指为改善食品品质和色、香、味以及为防腐、保鲜和加工工艺的需要而加入食品中的人工合成或者天然物质，但不包括营养强化剂

D. 生产不符合食品安全标准的食品或者经营明知是不符合食品安全标准的食品，消费者除要求赔偿损失外，还可以向生产者或者经营者要求支付价款10倍或者损失3倍的赔偿金；增加赔偿的金额不足1000元的，为1000元

E.《食物中毒事故处理办法》属于部门规章

旅游资源保护法律法规制度

一、单项选择题

1. 根据我国《风景名胜区条例》的规定，______主管全国风景名胜区的管理工作。

A. 国务院旅游主管部门　　B. 国务院环境保护主管部门

C. 国务院文化主管部门　　D. 国务院建设主管部门

2. 在国家级风景名胜区内修建缆车、索道等重大建设工程，项目的选址方案应当报______核准。

A. 国务院建设主管部门　　B. 国务院环境保护主管部门

C. 国务院旅游主管部门　　D. 国务院

3. 根据《风景名胜区条例》的规定，在景物、设施上刻画、涂污或者在风景名胜区内乱扔垃圾的，由风景名胜区管理机构责令恢复原状或者采取其他补救措施，处______罚款。

A.10元　　B.50元

C.50元以下　　D.100元以下

4. 通常，自然保护区的______禁止任何单位和个人进入。

A. 核心区　　B. 游览区　　C. 实验区　　D. 缓冲区

5. 自然保护区的______只准许从事科学研究活动。

A. 核心区　　B. 游览区　　C. 实验区　　D. 缓冲区

6. 因教学科研需要进入______内进行工作的，须经自然保护区管理机构批准。

A. 核心区　　B. 游览区　　C. 实验区　　D. 缓冲区

7. 旅游者可以进入自然保护区的______。

A. 核心区　　B. 游览区　　C. 实验区　　D. 缓冲区

8. 国家对自然保护区实行综合管理与分部门管理相结合的管理体制。国务院______负责全国自然保护区的综合管理。

A. 环境保护行政主管部门　　B. 旅游行政主管部门

C. 林业、农业主管部门　　D. 地质矿产、水利、海洋部门

9. 国家______主管全国的文物保护工作；地方各级人民政府保护本行政区域内的文物。

A. 国务院　　B. 文物管理机关

C. 文化行政主管部门　　D. 旅游行政主管部门

10.《文物保护法》规定，在我国境内，具有______价值的文物受国家保护。

A. 历史、经济、科学　　B. 经济、历史、艺术

C. 历史、艺术、科学　　D. 政治、历史、经济

11. 我国文物保护单位分为三级，其中不包括______。

A. 世界级文物保护单位　　B. 全国重点文物保护单位

C. 省级文物保护单位　　D. 市、县级文物保护单位

12. 全国重点文物保护单位由______在省级、市县级文物保护单位中选择具有重大价值者确定，报国务院核定公布。

A. 国务院　　B. 各省、自治区、直辖市政府

C. 国务院文化行政部门　　D. 国务院文物行政部门

13. 按照《文物保护法》的规定，下列文物不属于国家所有的是______。

A. 赵某在深山捡到的古龟甲

B. 王某在铁路施工中发现的古钱币

C. 李某捐赠给某博物馆的古鼎

D. 张某家传的一幅古画

14. 经审核允许出境的文物，必须由______发给文物出境许可证，方可从指定的口岸出境。

A. 国家旅游局　　B. 国务院　　C. 国务院文物行政部门　　D. 海关

15. 历史文化名城由______核定公布。历史文化街区由______核定公布，并报国务院备案。

A. 国务院旅游行政部门　省级旅游行政部门

B. 国务院　省、自治区、直辖市政府

C. 国务院文物行政部门　省级文物行政部门

D. 国务院　省级文物行政部门

二、多项选择题

1. 作为风景名胜区必须具备的条件是______。

A. 具有观赏、文化或科学价值　B. 自然景物、人文景物比较集中

C. 具有丰富文物资源　D. 可供游览、休息或进行科学文化活动

E. 交通便利，可进入性强

2. 根据2006年12月1日起施行的《风景名胜区条例》，我国风景名胜区划分为_____两个等级。

A. 县级风景名胜区　B. 地市级风景名胜区

C. 省级风景名胜区　D. 国家级风景名胜区

E. 国家重点风景名胜区

3. 根据《风景名胜区条例》的规定，在风景名胜区内_______，经风景名胜区管理机构审核后，依照法律、法规规定报有关主管部门批准。

A. 举办大型游乐活动　B. 设置、张贴商业广告

C. 开山、采石　D. 改变水资源、水环境自然状态的活动

E. 开矿、开荒

4. 根据《风景名胜区条例》的规定，在风景名胜区内禁止______。

A. 开山、采石、开矿、开荒、修坟立碑等活动

B. 修建储存爆炸性、易燃性、放射性、毒害性、腐蚀性物品的设施

C. 在景物或者设施上刻画、涂污，乱扔垃圾

D. 进行影视拍摄或举办大型游乐等活动

E. 设置、张贴商业广告

5. 自然保护区可以分为______。

A. 国家级自然保护区　B. 地方级自然保护区

C. 重点自然保护区　D. 普通自然保护区

E. 一般自然保护区

6. 在自然保护区的______，不得建设任何生产设施。

A. 核心区　　B. 缓冲区　　C. 实验区

D. 游览区　　E. 外围保护地带

7. 在自然保护区的实验区内，不得建设______的生产设施。

A. 污染环境　　B. 破坏环境　　C. 破坏景观

D. 有碍管理　　E. 影响参观

8. 对违反法律法规规定，破坏旅游资源或保护旅游资源失职者，应承担的法律责任主要有______。

A. 行政处罚　　B. 经济处罚　　C. 刑事处罚

D. 社会责任　　E. 行政处分

9. 在中华人民共和国境内，______文物受国家法律保护。

A. 具有历史、艺术、科学价值的古文化遗址、古墓古建、石寺石刻、壁画等

B. 历史上各时代珍贵的艺术品、工艺美术品

C 剪窗花、捏泥人等民间手艺、技法

D. 具有科学价值的古脊椎动物化石和古人类化石

E. 具有教育意义的近代现代建筑

10.《文物保护法》规定，文物工作贯彻______方针。

A. 保护为主　　B. 抢救第一　　C. 合理利用

D. 加强管理　　E. 修缮为主

11. 下列文物属于国家所有，受法律保护的是______。

A. 中国境内地下、内水和领海中遗存的一切文物

B. 古文化遗址、古墓葬、石窟寺

C. 中国境内出土的文物，国家另有规定的除外

D. 国家征集、购买的文物或接受捐赠的文物

E. 公民世代相传的文物

12.______和近现代重要史迹、代表性建筑等不可移动文物，根据它们的历史、艺术、科学价值，可以确定为不同级别的文物保护单位。

A. 古文化遗址　　B. 古墓葬、古建筑　　C. 石窟寺和石刻

D. 壁画　　E. 历史上各时代珍贵的艺术品

13. 山西晋南某村民在自己的承包地里挖沟时，发现一金属块，清洗干净后，惊喜地发现和自己家中祖传下来的官印一样。此事传开惊动了附近的乡民，大家议论纷纷。其中不正确的议论有______。

A. 自留地里发现的，该自己留着镇邪

B. 还是上缴国家，心安理得

C. 真是幸运，赶快找个古董商卖掉

D. 还是卖给外国人，获益会更高

E. 既然和祖传的一样，就该自己保存

14. 文物收藏单位以外的公民、法人和其他组织可以收藏通过______方式取得的文物。

A. 依法继承或者接受赠予

B. 从文物商店或经营文物拍卖的拍卖企业购买

C. 公民个人合法所有的文物相互交换或者依法转让

D. 国家规定的其他合法方式

E. 自己在农作时挖到

15. 国家禁止出境的文物，不得______给外国人。

A. 赠送　　B. 转让　　C. 出租　　D. 质押　　E. 出售

16. 导游员可以收藏______取得的文物。

A. 依法继承或接受赠予

B. 从文物商店购买

C. 从经营文物拍卖的拍卖企业购买

D. 与他人合法所有的文物进行交换

E. 高价收购邻居在盖房子时从地下挖出的瓷罐

17. 有关文物出境的说法，下列正确的是______。

A. 文物出境，应当经国务院文物行政部门指定的文物进出境审核机构审核

B. 国有文物、非国有文物中的珍贵文物和国家规定禁止出境的其他文物一律不得出境

C. 任何单位或者个人运送、邮寄、携带文物出境，应当向海关申报，海关凭文物出境许可证放行

D. 文物出境展览，应当报国务院文物行政部门批准；一级文物出境展览超过规定数量的，应当报国务院批准，一级文物中的孤品和易损品，禁止出境展览

E. 一级文物中的孤品和易损品，可以出境展览

18. 根据《保护世界文化和自然遗产公约》的规定，世界文化遗产包括______。

A. 古迹　B. 建筑群　C. 遗址　D. 传统技艺　E. 非物质遗产

旅游投诉规章制度

一、单项选择题

1. 不属于旅游纠纷协商和解应遵循的原则是______。

A. 平等自愿原则　B. 合法原则

C. 不侵犯第三人利益的原则　D. 诚实信用原则

2. 旅游投诉的时效期限是______，从投诉人知道或应当知道权利被侵害时起算。

A. 30 天　B. 60 天　C. 90 天　D. 120 天

3.________是上级旅游投诉处理机构以决定的方式指定下一级旅游投诉处理机构对某一案件行使管辖权。

A. 级别管辖　B. 地域管辖　C. 指定管辖　D. 移送管辖

4. 消费者向有关行政部门投诉的，该部门应当自收到投诉之日起_______内，予以处理并告知消费者。

A.7 日　B.7 个工作日　C.15 日　D. 15 个工作日

5. 旅游投诉处理机构接到投诉，应当在______内做出是否受理的决定。

A.5 日　B.5 个工作日　C. 15 日　D. 15 个工作日

6. 旅游投诉处理机构应在受理投诉之日起_______内，将《旅游投诉受理通知书》和投诉书副本送达被投诉人。

A.5 日　B.5 个工作日　C. 15 日　D. 15 个工作日

7. 被投诉人应当在接到通知之日起______内做出书面答复，提出答辩的事实、理由和证据。

A.5 日 B.5 个工作日 C. 10 日 D. 10 个工作日

8. 旅游投诉处理机构应当在受理旅游投诉之日起______内，做出调解或赔偿保证金处理决定。

A. 30 日 B. 60 日 C. 90 日 D. 120 日

9. 对复议决定不服的，可以在接到复议决定之日起______内，向人民法院起诉。

A.5 日 B.5 个工作日 C. 15 日 D. 15 个工作日

10. 逾期不申请复议，也不向人民法院起诉，又不履行处理决定和处罚决定的，由______请人民法院强制执行或者依法强制执行。

A. 投诉人 B. 被投诉人

C. 做出决定的投诉处理机构 D. 做出决定的上一级投诉处理机构

11. 因旅游辅助服务者的原因导致旅游经营者违约，旅游者仅起诉旅游经营者的，人民法院可以将______追加为第三人。

A. 导游 B. 旅游经营者 C. 旅游景点 D. 旅游辅助服务者

12. 以单位、家庭等集体形式与旅游经营者订立旅游合同，在履行过程中发生纠纷，除集体以合同一方当事人名义起诉外，______提起旅游合同纠纷诉讼的，人民法院应予受理。

A. 单位 B. 旅游经营者 C. 旅游者个人 D. 家庭

13. 旅游者在自行旅游过程中与______经营者因旅游发生的纠纷，参照适用《最高人民法院关于审理旅游纠纷案件适用法律若干问题的规定》。

A. 旅游景点 B. 旅游交通 C. 旅游者住宿 D. 购物

14. 旅游经营者已投保责任险，旅游者因保险责任事故仅起诉旅游经营者的，人民法院可以应当事人的请求将______列为第三人。

A. 投保人 B. 保险公司 C. 被保险人 D. 受益人

15. 因旅游辅助服务者的原因造成旅游者人身损害、财产损失，旅游者选择请求______承担侵权责任的，人民法院应予支持。

A. 导游 B. 旅游经营者 C. 保险公司 D. 旅游辅助服务者

16. 签订旅游合同的旅游经营者将其部分旅游业务委托旅游目的地的旅游经营者，因受托方未尽旅游合同义务，旅游者在旅游过程中受到损害，要求______承担赔偿责任的，人民法院应予支持。

A. 做出委托的旅游经营者

B. 接受委托的旅游经营者

C. 做出委托的旅游经营者和接受委托的旅游经营者

D. 做出委托的旅游经营者或接受委托的旅游经营者

17. 旅游经营者准许他人挂靠其名下从事旅游业务，造成旅游者人身损害、财产损失，旅游者请求旅游经营者与挂靠人承担______的，人民法院应予支持。

A. 违约责任　　B. 侵权责任　　C. 连带责任　　D. 无过错责任

18. 旅游经营者提供服务时有欺诈行为，旅游者请求旅游经营者______赔偿其遭受的损失的，人民法院应予支持。

A. 1 倍　　B. 2 倍　　C. 3 倍　　D. 4 倍

19. 因飞机、火车、班轮、城际客运班车等公共客运交通工具延误，导致合同不能按照约定履行，旅游者请求______退还未实际发生的费用的，人民法院应予支持。合同另有约定的除外。

A. 客运交通经营者　B. 旅游经营者　C. 保险公司　D. 旅游辅助人

20. 旅游者提起违约之诉，主张______的，人民法院应告知其变更为侵权之诉；旅游者仍坚持提起违约之诉的，对于其精神损害赔偿的主张，人民法院不予支持。

A. 人身损害赔偿　　B. 财产损失赔偿

C. 精神损害赔偿　　D. 物质赔偿

21. 消费者在购买、使用商品时，其合法权益受到损害的，可以向______要求赔偿。

A. 生产者和销售者　　B. 生产者或销售者

C. 生产者　　D. 销售者

22. 消费者或者其他受害人因商品缺陷造成人身、财产损害的，可以向______要求赔偿。

A. 生产者和销售者　　B. 生产者或销售者

C. 生产者　　D. 销售者

23. 消费者在接受服务时，其合法权益受到损害的，可以向______要求赔偿。

A. 生产者　　B. 销售者

C. 运输者　　D. 服务者

24. 旅游者与甲旅行社签订旅游合同后，行程中得知甲旅行社已于乙旅行社合并成立丙旅行社，旅游者在此次旅游活动的权益损失可以向______要求赔偿。

A. 甲旅行社　　B. 乙旅行社

C. 丙旅行社　　D. 甲旅行社和丙旅行社

25. 某旅游学校学生王某使用朋友所在的大西洋旅行社的营业执照组织同学旅游，损害同学合法权益的，受损害同学可以向______要求赔偿。

A. 学生王某　　B. 大西洋旅行社

C. 学生王某和大西洋旅行社　　D. 学生王某或大西洋旅行社

26. 网络交易平台提供者明知或者应知销售者或者服务者利用其平台侵害消费者合法权益，未采取必要措施的，依法与该销售者或者服务者承担______。

A. 违约责任　　B. 行政责任

C. 侵权责任　　D. 连带责任

27. 旅游者因旅行社利用虚假广告或者其他虚假宣传方式提供服务，其合法权益受到损害的，可以向______要求赔偿。

A. 广告经营者　　B. 旅行社

C. 广告发布者　　D. 广告制作者

28. 一日，李女士在家中做饭时高压锅突然爆炸，李女士被炸飞的锅盖击中身体造成十级伤残。后据质量检测专家鉴定，高压锅发生爆炸的直接原因是设计不合理。下列说法正确的是______。

A. 李女士可以向高压锅销售商要求赔偿，也可以向其生产者要求赔偿

B. 由于高压锅发生爆炸是产品设计方面的原因，因此李女士只可以向高压锅生产厂家进行赔偿

C. 由于李女士与高压锅销售商存在买卖合同关系，因此李女士只可以向高压锅销售商要求赔偿

D. 李女士应自己承担责任

29. 消费者张三通过天猫网络交易平台购得某品牌相机一台，后来经过权威部门鉴定发现该相机是冒牌的。下列说法不正确的是______。

A. 张三可以向天猫网络交易平台的店主要求赔偿

B. 天猫若不能提供店主的真实名称、地址和有效联系方式，张三也可以向天猫要求赔偿

C. 天猫在网站上向消费者做出假一赔十的承诺，天猫网站应当履行，履行后有权向店主追偿

D. 天猫虽然早知道该店主在销售假冒相机，也未采取必要的措施，但销售假冒相机的赔偿责任仍然由店主承担，天猫只要能提供店主的真实名称、地址和有效联系方式，就与天猫无关

30. 甲从小卖铺购得一罐啤酒，在开启时被罐内的强烈气流炸伤眼部，下列选项正确的是______。

A. 甲只能向小卖铺索赔

B. 甲只能向厂家索赔

C. 甲只能向消协投诉，请其确定索赔对象

D. 甲可以向小卖铺索赔，也可以向厂家索赔

二、多项选择题

1. 当发生旅游纠纷时，当事人可以通过诉讼方式和________等非诉讼方式解决争端，维护自己的合法权益。

A. 当事人双方协商和解　　B. 第三人调解　　C. 向人民法院诉讼

D. 仲裁机构仲裁　　E. 消费者协会判决

2. 为了维护______的合法权益，依法公正处理旅游投诉，国家旅游局于 2010 年 5 月 5 日发布了《旅游投诉处理办法》(自 2010 年 7 月 1 日起施行)，以部门规章的形式确定了我国的旅游投诉制度。

A. 旅游者　　B. 导游　　C. 旅行社

D. 旅游经营者　　E. 旅游行政管理部门

3.______属于旅游投诉的范围。

A. 认为旅游经营者违反合同约定的

B. 因旅游经营者的责任致使投诉人人身、财产受到损害的

C. 人民法院、仲裁机构、其他行政管理部门或者社会调解机构已经受理或者处理的

D. 超过旅游合同结束之日 90 天的

E. 不符合旅游投诉受理条件

4. 根据相关法律法规的规定，旅游投诉管辖包括______。

A. 级别管辖　　B. 地域管辖　　C. 移送管辖

D. 指定管辖　　E. 裁定管辖

5. 旅游投诉应当符合______条件，投诉处理机构方可受理投诉。

A. 投诉人与投诉事项有直接利害关系，按规定委托他人投诉的除外

B. 有明确的被投诉人、具体的投诉请求、事实和理由

C. 有选定的旅游投诉处理机构

D. 符合旅游投诉的范围

E. 权益被侵害起 90 天内

6. 被投诉人书面答复应当载明下列事项：______。

A. 被投诉事由　　B. 调查核实过程　　C. 基本事实与证据

D. 责任及处理意见　　E. 争议发生的时间

7. 旅游纠纷的特征包括______。

A. 旅游纠纷主体多元化　　B. 旅游纠纷内容复杂化

C. 旅游纠纷跨地域化　　D. 旅游纠纷法律性质明确

E. 旅游纠纷维权过度化

8.《最高人民法院关于审理旅游纠纷案件适用法律若干问题的规定》中，所称的旅游纠纷，是指 ______之间因旅游发生的合同纠纷或者侵权纠纷。

A. 旅游者　　B. 导游　　C. 旅行社

D. 旅游经营者　　E. 旅游辅助服务者

9. 旅游经营者以_______等方式做出对旅游者不公平、不合理的规定，或者减轻、免除其损害旅游者合法权益的责任，旅游者请求依据消费者权益保护法第二十四条的规定认定该内容无效的，人民法院应予支持。

A. 要约　　B. 格式合同　　C. 通知　　D. 声明　　E. 告示

10. 旅游经营者、旅游辅助服务者未尽到安全保障义务，造成旅游者人身损害、财产损失，旅游者请求______承担责任的，人民法院应予支持。

A. 第三人　　B. 导游　　C. 旅行社

D. 旅游经营者　　E. 旅游辅助服务者

11. 旅游者______，导致旅游过程中出现人身损害、财产损失，旅游者请求旅游经营者、旅游辅助服务者承担责任的，人民法院不予支持。

A. 未按要求提供与旅游活动相关的个人健康信息

B. 未按要求履行如实告知与旅游活动相关的个人健康信息义务

C. 不听从旅游经营者、旅游辅助服务者的告知、警示，参加不适合自身条件的旅游活动

D. 如实提供和告知个人的健康信息

E. 遵从旅行社的指导参加旅游活动

12. 旅游经营者将旅游业务转让给其他旅游经营者，旅游者不同意转让，请求______的，人民法院应予支持。

A. 追究其他旅游经营者违约责任

B. 追究其他旅游经营者侵权责任

C. 解除旅游合同

D. 追究旅游经营者侵权责任

E. 追究旅游经营者违约责任

13. 除合同性质不宜转让或者合同另有约定之外，在旅游行程开始前的合理期间内，旅游者将其在旅游合同中的权利义务转让给第三人，______，人民法院应予支持。

A. 旅游者请求确认转让合同效力的

B. 旅游经营者请求旅游者、第三人给付增加的费用

C. 旅游者请求旅游经营者退还减少的费用

D. 旅游经营者请求确认转让合同效力的

E. 旅游者请求旅游经营者给付增加的费用

14. 旅游行程开始前或者进行中，因旅游者单方解除合同，______，人民法院应予支持。

A. 旅游者请求旅游经营者退还尚未实际发生的费用

B. 旅游经营者请求旅游者给付全部团款

C. 旅游者请求旅游经营者退还全部费用

D. 旅游经营者请求确认终止合同效力的

E. 旅游经营者请求旅游者支付合理费用

15. 因不可抗力等不可归责于旅游经营者、旅游辅助服务者的客观原因，______，人民法院应予支持。

A. 旅游合同无法履行，旅游经营者、旅游者请求解除旅游合同的

B. 旅游合同无法履行，旅游者请求旅游经营者退还尚未实际发生的费用的

C. 变更旅游行程，在征得旅游者同意后，旅游经营者请求旅游者分担因此增加的旅游费用

D. 变更旅游行程，旅游者请求旅游经营者退还因此减少的旅游费用

E. 旅游合同无法履行，旅游经营者、旅游者请求对方承担违约责任

16. 旅游经营者违反合同约定，有______等行为，旅游者请求旅游经营者赔偿未完成约定旅游服务项目等合理费用的，人民法院应予支持。

A. 擅自改变旅游行程　　B. 遗漏旅游景点

C. 导游讲解质量差　　D. 减少旅游服务项目

E. 降低旅游服务标准

17. 旅游者在自行安排活动期间遭受人身损害、财产损失，旅游经营者未尽到必要的______义务，旅游者请求旅游经营者承担相应责任的，人民法院应予支持。

A. 提示　　B. 救助　　C. 报告　　D. 警告　　E. 说明

18.《最高人民法院关于审理旅游纠纷案件适用法律若干问题的规定》所提到的自行安排活动期间，包括______等。

A. 旅游经营者安排的在旅游行程中独立的自由活动期间

B. 旅游者不参加旅游行程的活动期间

C. 旅游者经导游同意暂时离队的个人活动期间

D. 旅游者经领队同意暂时离队的个人活动期间

E. 旅游者未经导游或者领队同意暂时离队的个人活动期间

19. 旅游经营者或者旅游辅助服务者为旅游者代管的行李物品损毁、灭失，______，

人民法院不予支持。

A. 旅游者请求赔偿损失的

B. 损失是由于旅游者未听从旅游经营者或者旅游辅助服务者的事先声明或者提示，未将现金、有价证券、贵重物品由其随身携带而造成

C. 损失是由于不可抗力、意外事件造成的

D. 损失是由于旅游者的过错造成的

E. 损失是由于物品的自然属性造成的

20. 旅游者要求旅游经营者返还______费用的，人民法院应予支持。

A. 因拒绝旅游经营者安排的购物活动被增收的费用

B. 因拒绝旅游经营者另行付费的项目被增收的费用

C. 在同一旅游行程中，旅游经营者提供相同服务，因旅游者的年龄、职业等差异而增收的费用

D. 因旅游者自身要求提高住宿标准而增收的费用

E. 因旅游者自身要求安排另行付费的项目被增收的费用

21. 消费者和经营者发生消费者权益争议的，可以通过______的途径解决。

A. 与经营者协商和解

B. 请求消费者协会或者依法成立的其他调解组织调解

C. 向有关行政部门投诉

D. 根据与经营者达成的仲裁协议提请仲裁机构仲裁

E. 向工商行政管理部门诉讼

22. 消费者在展销会、租赁柜台购买商品或者接受服务，其合法权益受到损害的，可以向______要求赔偿。

A. 销售者或服务者　　B. 展销会的举办者　　C. 柜台的出租者

D. 消费者协会　　E. 生产者

23. 网络交易平台提供者不能提供销售者或者服务者的______的，消费者也可以向网络交易平台提供者要求赔偿。

A. 许可证号码　　B. 真实名称　　C. 地址

D. 有效联系方式　　E. 投诉电话

第三编 仿真模拟题

模拟试题一

一、单项选择题（以下每题有且只有一个选项正确。每题 0.5 分，共 15 分）

1. 现行《宪法》规定，我国公民有受教育的______。

A. 权利和义务　　B. 权利　　C. 义务　　D. 权力

2. 中华人民共和国公民在______的情况下，有从国家和社会获得物质帮助的权利。

A. 患病　　B. 丧失劳动能力

C. 老年、疾病或者丧失劳动能力　　D. 老年

3. 现行《宪法》规定，我国享有选举权和被选举权的人是______。

A. 全体公民　　B. 全体人民

C.18 周岁以上的公民　　D.18 周岁以上有政治权利的公民

4. 全面推进依法治国，总目标是______。

A. 全面建设小康社会

B. 实现国家的现代化

C. 建设和谐社会

D. 建设中国特色社会主义法治体系，建设社会主义法治国家

5.《中共中央关于全面推进依法治国若干重大问题的决定》提出了建设______法治体系的目标。

A. 三大　　B. 四大　　C. 五大　　D. 六大

6.《国民旅游休闲纲要（2013—2020 年）》提出，要大力推广______的旅游休闲理念。

A. 健康、文明、环保　　B. 健康、文明、绿色

C. 自由、休闲、环保　　D. 卫生、文明、绿色

7.《国民旅游休闲纲要（2013—2020 年）》是______印发的。

A. 国家旅游局　　B. 教育部　　C. 国务院办公厅　　D. 中共中央

8.《国民旅游休闲纲要（2013—2020年）》提出，要坚持以人为本、服务民生、______第一、绿色消费的指导思想。

A. 和谐　　B. 安全　　C. 休闲　　D. 体验

9.《合同法》规定，对格式条款有两种解释的，应当______。

A. 做出有利于格式条款提供者的解释

B. 做出有利于对方当事人的解释

C. 重新协商，采用非格式条款

D. 按照通常理解予以解释

10. 旅游者郭某参加某旅行社组织的旅游活动，支付旅游费用1500元人民币，由于旅行社提供的服务涉嫌欺诈，根据《消费者权益保护法》规定，旅行社应当向旅游者赔偿人民币______。

A. 3000元　　B. 4500元　　C. 5000元　　D. 6000元

11. 下列属于我国《合同法》调整关系的是______。

A. 婚姻关系　　B. 收养关系　　C. 监护关系　　D. 财产关系

12. 一次事故造成一名旅游者死亡或旅游者重伤致残，或经济损失在10万元（含10万元）至100万元的为______事故。

A. 特大　　B. 轻微　　C. 一般　　D. 重大

13. 根据《娱乐场所管理条例》，歌舞娱乐场所应当将闭路电视监控录像资料留存______日备查，不得删改或者挪作他用。

A. 15　　B. 30　　C. 60　　D. 90

14. 根据《食品安全法》，对因标签、标识或者说明书不符合食品安全标准而被召回的食品，食品生产者在采取补救措施且能保证食品安全的情况下______，销售时应当向消费者明示补救措施。

A. 可以继续销售　　B. 不得继续销售

C. 食品生产经营者自行决定　　D. 消费者自行决定

15. 根据《民用航空法》，旅客随身携带物品或者托运行李的毁灭、遗失或者损坏完全是由于行李本身的自然属性、质量或者缺陷造成的，承运人______责任。

A. 应当承担　　B. 不承担　　C. 承担部分　　D. 承担连带

16. 根据《铁路法》，铁路运输企业逾期________仍未将货物、包裹、行李交付收货人或者旅客的，托运人、收货人或者旅客有权按货物、包裹、行李灭失向铁路运输企业要求赔偿。

A. 10 日　　B. 15 日　　C. 20 日　　D. 30 日

17. 根据《国内水路运输管理条例》，旅客班轮运输业务经营者应当自取得班轮航线经营许可之日起______日内开航，并在开航______日前公布所使用的船舶、班期、班次、运价等信息。

A. 60　15　　B. 30　15　　C. 30　60　　D. 60　30

18. 导游、领队违反《旅游法》规定，向旅游者索取小费的，由旅游主管部门______，处 1000 元以上 1 万元以下罚款；情节严重的，并暂扣或者吊销导游证、领队证。

A. 责令道歉　　B. 责令退还　　C. 责令赔偿　　D. 责令停业

19.《旅行社条例》规定，旅行社每设立一个经营国内旅游业务和入境旅游业务的分社，应当向其质量保证金账户增存______；每设立一个经营出境旅游业务的分社，应当向其质量保证金账户增存______。

A. 5 万元　30 万元　　B. 10 万元　20 万元

C. 5 万元　10 万元　　D. 10 万元　60 万元

20.《旅游法》自______起施行。

A. 2012 年 4 月 25 日　　B. 2013 年 10 月 1 日

C. 2012 年 10 月 1 日　　D. 2013 年 4 月 25 日

21.《旅游法》规定，旅游经营者应当诚信经营，公平竞争，承担社会责任，为旅游者提供______的旅游服务。

A. 安全、健康、卫生、文明　　B. 安全、健康、卫生、方便

C. 健康、卫生、文明、环保　　D. 健康、文明、环保、优质

22.《旅游法》规定，景区内的核心游览项目因故暂停向旅游者开放或者停止提供服务的，______。

A. 可以公示并相应减少收费　　B. 应当公示并相应减少收费

C. 应当公示但不减少收费　　D. 应当公示并免除门票

23.《旅行社责任保险管理办法》规定，旅行社责任保险责任限额由旅行社与保险公

司协商确定，但每人人身伤亡责任限额不得低于______万元人民币。

A.10　　B.16　　C.20　　D.30

24.《出境入境管理法》规定，外国人在旅馆以外的其他住所居住或者住宿的，应当在入住后______小时内由本人或者留宿人，向居住地的公安机关办理登记。

A.24　　B.48　　C.72　　D.36

25. 某旅行社组织团队旅游，乘坐的旅游车刹车失灵，发生旅游安全事故，造成 6 名游客死亡，11 余人受伤，对此事故应在______内写出事故报告，报相关部门。

A. 24 小时　　B. 36 小时　　C. 48 小时　　D. 56 小时

26.《风景名胜区条例》规定，我国风景名胜区划分为______个等级。

A.2　　B.3　　C.4　　D.5

27. 为了维护______的合法权益，依法公正处理旅游投诉，依据有关法律、法规，制定了《旅游投诉处理办法》。

A. 旅游者　　B. 旅游经营者

C. 旅游者或旅游经营者　　D. 旅游者和旅游经营者

28. 广告经营者，发布者设计、制作、发布关系消费者______商品或者服务的虚假广告，造成消费者损害的，应当与提供该商品或者服务的经营者承担连带责任。

A. 生命健康　　B. 心理健康

C. 身体健康　　D. 生命安全

29. 投诉人或被投诉人对复议决定不服的，可以在接到复议决定之日起______内，向人民法院起诉。

A.5 日　　B.5 个工作日　　C.15 日　　D.15 个工作日

30. 因飞机、火车、班轮、城际客运班车等公共客运交通工具延误，导致合同不能按照约定履行，旅游者请求旅游经营者______，人民法院应予支持。

A. 退还未实际发生的费用的

B. 退还未实际发生的费用，并承担旅游总费用 10% 的违约金

C. 退还未实际发生的费用，并承担旅游总费用 15% 的违约金

D. 退还未实际发生的费用，并承担旅游总费用 20% 的违约金

二、多项选择题（以下每题可能有二至四个选项正确，多选、少选或错选均不得分。每题1分，共35分）

1. 现行《宪法》规定，我国国家机构包括______。

A. 中共中央纪律检查委员会　　B. 中华人民共和国主席

C. 国家行政机关　　D. 国家军事机关

E. 国家权力机关

2. 现行《宪法》规定，国家保障各少数民族的合法的权利和利益，维护和发展各民族的______关系。

A. 公平　　B. 平等　　C. 和谐　　D. 团结　　E. 互助

3. 要增强全民法治观念，推进法治社会建设，下列说法正确的有______。

A. 深入开展法治宣传教育　　B. 完善立法体制

C. 增强法治的道德底蕴　　D. 加强公民道德建设

E. 加强社会诚信建设

4.《国务院办公厅关于进一步促进旅游投资和消费的若干意见》提出，优化休假安排，激发旅游消费需求。下列符合政策的有______。

A. 把落实职工带薪休假制度纳入议事日程

B. 将带薪休假与本地传统节日、地方特色活动相结合，安排错峰休假

C. 根据实际情况，依法优化调整夏季作息安排，为职工周五下午与周末结合外出休闲度假创造有利条件

D. 强制各地中小学安排春假

E. 高等院校要率先施行周五下午休假制度

5.《旅游法》规定，旅游者购买、接受旅游服务时，应当向旅游经营者履行的义务包括______。

A. 如实告知与旅游活动相关的个人健康信息　　B. 严格遵守导游人员的安排

C. 遵守旅游活动中的安全警示　　D. 发生旅游纠纷时承担举证责任

E. 告知旅行社可以减免责任的信息

6. 根据《合同法》，下列情形中属于合同权利义务终止的是______。

A. 合同解除　　B. 合同变更

C. 债权人免除债务　　D. 债务人依法将标的物提存

E. 合同转让

7. 旅游者王某在去往上海旅游前，提前发传真至A饭店订房。A饭店回复传真“届时若有人取消订房，方可提供房间”。关于双方之间的订房协议，以下说法中正确的是______。

A. 此为附条件的订房协议

B. 所附条件成立时，双方之间的订房协议才生效

C. 在A饭店发出回复传真时双方之间的订房协议生效

D. 在旅游者收到A饭店的回复传真时，双方之间的订房协议生效

E. 在王某发传真至A饭店时双方之间的订房协议生效

8. 根据《娱乐场所管理条例》，下列说法正确的有______。

A. 歌舞娱乐场所应当将闭路电视监控录像资料留存60日备查，不得删改或者挪作他用

B. 歌舞娱乐场所不得接纳未成年人

C. 每日凌晨2时至上午8时，娱乐场所不得营业

D. 娱乐场所及其从业人员不得实施赌博行为，不得为进入娱乐场所的人员实施赌博行为提供条件

E. 娱乐场所的边界噪声，应当符合国家规定的环境噪声标准

9. 消费者自主选择权，是指消费者在自主选择商品或服务时，有权进行______。

A. 比较　B. 鉴别　C. 挑选　D. 更换　E. 赔偿

10. 旅游者出现______情形时，旅行社可以依法解除旅游合同。

A. 患有传染病等疾病，可能危害其他旅游者健康和安全的

B. 携带危害公共安全的物品且不同意交有关部门处理的

C. 携带宠物的

D. 从事违法或者违反社会公德的活动的

E. 从事严重影响其他旅游者权益的活动，且不听劝阻、不能制止的

11. 从旅游行业来说，特别重大安全事故是指______。

A. 一次事故造成旅游者死亡或重伤残的事故

B. 经济损失在100万元以上的事故

C. 性质特别恶劣，产生重大影响的事故

D. 造成海外旅游者重伤的事故

E. 经济损失在500万元以上的事故

12. 下列食品中，属于禁止生产经营的有______。

A. 营养成分不符合食品安全标准的专供婴幼儿和其他特定人群的主辅食品

B. 用超过保质期的食品原料生产的食品

C. 无标签的预包装食品

D. 死因不明的肉制品

E. 直接入口的食品

13. 根据《国内水路运输管理条例》，下列属于承运人义务的有______。

A. 水路运输经营者应当在依法取得许可的经营范围内从事水路运输经营

B. 水路运输经营者可以使用货船载运旅客，但不得使用客船载货

C. 水路运输经营者应当使用符合规定条件、配备合格船员的船舶，并保证船舶处于适航状态

D. 水路运输经营者应当按照船舶核定载客定额或者载重量载运旅客、货物

E. 水路运输经营者运输危险货物，应当使用依法取得危险货物适装证书的船舶

14.《旅游法》规定，______的人员，可以申请取得领队证。

A. 取得导游证

B. 具有相应的学历、语言能力和旅游从业经历

C. 具有出境经历

D. 与旅行社订立劳动合同

E. 在相关旅游行业组织注册

15.《旅游法》规定，旅行社可以经营的业务有______。

A. 境内旅游、入境旅游　　B. 出境旅游　　C. 国际旅游

D. 跨境旅游　　E. 边境旅游

16.《导游人员管理条例》规定，导游人员享有调整或变更接待计划权，但行使这一权利应符合的条件是______。

A. 必须是在引导旅游者旅行、游览过程中

B. 必须是遇到可能危及旅游者人身安全的紧急情形时

C. 必须是征得多数旅游者的同意

D. 必须立即报告旅行社

E. 必须征得全部旅游者的同意

17.《旅游法》规定，景区开放应当具备的条件包括______。

A. 有必要的环境保护设施和生态保护措施

B. 有符合规定的注册资本

C. 有必要的旅游配套服务和辅助设施

D. 有必要的经营管理人员和导游

E. 有符合规定的质量保证金

18.《消费者权益保护法》规定，经营者采用网络、电视、电话、邮购等方式销售商品，消费者有权自收到商品之日起七日内退货，且无须说明理由，但下列______商品除外。

A. 消费者定做的　　B. 消费者拆封的音像制品

C. 在线下载的计算机软件　　D. 鲜活易腐的　　E. 家用电器

19. 根据《宪法》规定，公民的人身自由权主要包括______。

A. 公民的人身自由不受侵犯　　B. 公民的人格尊严不受侵犯

C. 公民的住宅不受侵犯　　D. 公民的宗教信仰自由

E. 公民有言论、出版、集会、结社、游行、示威的自由

20. 要实现《中共中央关于全面推进依法治国若干重大问题的决定》提出的总目标，必须坚持以下______原则。

A. 坚持中国共产党的领导　　B. 坚持人民主体地位

C. 坚持法律面前人人平等　　D. 坚持从中国实际出发

E. 坚持为人民服务

21.《导游人员管理条例》规定，对导游人员违法行为的行政处罚主要有______。

A. 罚款　　B. 管制　　C. 没收违法所得

D. 暂扣导游证和吊销导游证　　E. 责令改正

22. 下列情形中适用质量保证金赔偿的是______。

A. 旅行社违反合同约定，侵害旅游者合法权益，经查证属实的

B. 旅游者在旅游期间发生人身财物意外事故的

C. 人民法院认定旅行社损害旅游者合法权益，旅行社无力偿还的

D. 旅行社破产后造成旅游者预交旅游费损失的

E. 垫付旅游者人身安全遇有危险时紧急救助的费用

23. 对______外国人，不准入境。

A. 未持出境、入境证件的　　B. 拒绝逃避接受边防检查的

C. 患有传染性肺结核病的　　D. 可能进行走私、贩毒活动的

E. 患有严重心脏病的

24. 根据《旅游法》，设区的市和县级人民政府有关部门应当根据需要在______设置旅游咨询中心，在景区和通往主要景区的道路设置旅游指示标识。

A. 旅游基础设施　　B. 旅游专门设施　　C. 交通枢纽

D. 商业中心　　E. 旅游者集中场所

25. 在______情形下，难以履行债务的，债务人可以将标的物提存。

A. 债权人无正当理由拒绝受领

B. 债权人下落不明

C. 债权人死亡未确定继承人或者丧失民事行为能力未确定监护人

D. 法律规定的其他情形

E. 债权人免除债务的

26. 下列关于饭店向客人提供服务的几种情形中，属于饭店应对客人承担违约责任的是______。

A. 饭店拒绝接待携带动物的游客

B. 饭店不按标准收费

C. 饭店降低服务等级

D. 饭店在淡季时房价打折，降低服务标准

E. 饭店制止游客在饭店内的违法行为

27. 根据《旅游法》，组团社将包价旅游合同中的接待业务委托给地接社履行的，应当具备的条件有______。

A. 经旅游者同意

B. 选择具有相应资质的地接社履行

C. 与地接社订立书面委托合同，约定双方的权利和义务

D. 向地接社提供与旅游者订立的包价旅游合同的副本

E. 向地接社支付低于接待或服务成本的费用

28. 下列属于我国公民政治权利的是______。

A. 选举权与被选举权

B. 受教育的权利

C. 言论、出版、集会、结社、游行、示威的自由和权利

D. 劳动权

E. 人格尊严受到保护的权利

29. 下列属于不得颁发导游证的人员是______。

A. 故意犯罪，受过刑事处罚的

B. 患有传染性疾病

C. 被吊销导游证，未逾 3 年的

D. 15 岁北京大学毕业的王某

E.16 周岁以上不满 18 周岁，以自己的劳动收入为主要生活来源的

30. 旅游发展规划的内容应当包括______。

A. 旅游业发展的总体要求和发展目标　　B. 旅游产品开发

C. 旅游资源保护和利用的要求和措施　　D. 旅游文化建设

E. 旅游资源、生态保护和文物安全的要求

31. 旅行社不得向旅游者介绍和提供______旅游项目。

A. 含有损害国家利益和民族尊严内容的　　B. 含有宗教内容的

C. 含有赌博内容的　　D. 含有违反法律、法规规定内容的

E. 含有民族歧视内容的

32. 旅游者______，请求旅游经营者、旅游辅助服务者承担责任的，人民法院不予支持。

A. 在自行安排的旅游活动中合法权益受到侵害

B. 在旅游行程中未经导游或者领队许可，故意脱离团队，遭受人身损害、财产损失

C. 在自行安排活动期间遭受人身损害、财产损失，旅游经营者未尽到必要的提示义务、救助义务

D. 因旅游经营者、旅游辅助服务者泄露旅游者个人信息

E. 参加不适合自身条件的旅游活动，导致旅游过程中出现人身损害、财产损失

33. 以下内容表述正确的是______。

A. 被投诉人应当在接到通知之日起 10 日内做出书面答复

B. 旅游投诉处理机构决定是否受理的期限是 5 日

C. 旅游投诉的时效是 90 天

D. 旅游投诉处理机构在受理投诉后 60 日内审理终结

E. 投诉人或被投诉人对处理决定不服的，可在 15 日内向上级机构申请复议

34. 旅游经营者因过错致其代办的手续、证件存在瑕疵，或者未尽妥善保管义务而遗失、毁损，______，人民法院应予支持。

A. 旅游者请求旅游经营者补办或者协助补办相关手续、证件

B. 旅游者请求旅游经营者承担补办相应费用

C. 旅游者请求旅游经营者给付精神损害赔偿

D. 影响旅游行程，旅游者请求旅游经营者退还尚未发生的费用

E. 影响旅游行程，旅游者请求旅游经营者赔偿损失的

35. ______在关系消费者生命健康商品或者服务的虚假广告或者其他虚假宣传中向消费者推荐商品或者服务，造成消费者损害的，应当与提供该商品或者服务的经营者承担连带责任。

A. 社会团体　　B. 其他组织　　C. 个人

D. 自然人　　E. 其他经济组织

模拟试题二

一、单项选择题（以下每题有且只有一个选项正确。每题 0.5 分，共 15 分）

1. 现行《宪法》规定，父母有抚养教育未成年子女的义务，______。

A. 子女有赡养父母的义务

B. 成人子女有赡养扶助年老父母的义务

C. 子女有赡养扶助丧失劳动能力的父母的义务

D. 成年子女有赡养扶助父母的义务

2. 行使国家立法权的国家机关是______。

A. 全国人民代表大会

B. 全国人民代表大会常务委员会

C. 全国人民代表大会和全国人民代表大会常务委员会

D. 全国人民代表大会、全国人民代表大会常务委员会和国务院

3.《中共中央关于全面推进依法治国若干重大问题的决定》提出要建设________法治实施体系。

A. 完备的　　B. 高效的　　C. 严密的　　D. 有力的

4.《中共中央关于全面推进依法治国若干重大问题的决定》提出要建设________法律规范体系。

A. 完备的　　B. 高效的　　C. 严密的　　D. 有力的

5.《国民旅游休闲纲要（2013—2020 年）》提出到______年，职工带薪年休假制度基本得到落实。

A. 2015　　B. 2017　　C. 2018　　D. 2020

6.《国民旅游休闲纲要（2013—2020 年）》提出，要把国民旅游休闲纳入各级______，以及相关行业和部门的发展规划。

A. 旅游发展规划　　B. 国民经济和社会发展规划

C. 环境保护规划　　D. 城乡规划

7. 下列公民中属于无民事行为能力人的是______。

A.10 周岁以上，18 周岁以下的未成年人

B.16 周岁以上，18 周岁以下的公民

C. 年满 18 周岁的公民

D. 完全不能辨认自己行为的精神病人

8. 生产不符合食品安全标准的食品或者销售明知是不符合食品安全标准的食品，消费者除了要求赔偿损失外，还可以向生产者或者销售者要求支付价款______的赔偿金。

A.10 倍或者损失 3 倍　　B.5 倍或者损失 3 倍

C.3 倍　　D.10 倍

9.《旅游法》规定，旅行社委托其他旅行社代理销售包价旅游产品并与旅游者订立包价旅游合同的，应当在包价旅游合同中载明______的基本信息。

A. 委托社　　B. 代理社

C. 委托社和代理社　　D. 委托社或代理社

10. 一次事故造成旅游者重伤，或经济损失在 1 万元（含 1 万元）至 10 万元的为____事故。

A. 特大　　B. 轻微　　C. 一般　　D. 重大

11. 国家建立旅游目的地安全风险提示制度。该制度的级别划分和实施程序由______会同有关部门制定。

A. 国务院旅游主管部门　　B. 国务院

C. 全国人大　　D. 国家公安部

12. 根据《娱乐场所管理条例》，下列说法不正确的是______。

A. 歌舞娱乐场所不得接纳未成年人

B. 除国家法定节假日外，游艺娱乐场所设置的电子游戏机不得向未成年人提供

C. 游艺娱乐场所设置的电子游戏机不得向未成年人提供

D. 娱乐场所不得招用未成年人

13.《民用航空法》规定，因发生在民用航空器上或者在旅客上、下民用航空器过程中的事件，造成旅客人身伤亡的，承运人______责任。

A. 应当承担　　B. 不承担　　C. 承担部分　　D. 承担连带

14. 李某患有心脏病，在乘坐某航班飞行时旧病复发，导致死亡，依据《民用航空法》，承运人______。

A. 应承担责   B. 承担主要责任   C. 承担次要责任   D. 不承担责任

15. 根据《国内水路运输管理条例》，班轮运输业务经营者未提前向社会公布所使用的船舶、班期、班次和运价或者其变更信息的，由负责水路运输管理的部门责令改正，处______的罚款。

A.1000 元以上 1 万元以下   B.2000 元以上 2 万元以下

C.3000 元以上 3 万元以下   D.5000 元以上 5 万元以下

16. 旅行社被吊销许可证的，其主要负责人在旅行社业务经营许可证被吊销之日起______年内不得从事旅行社业务。

A.1   B.2   C.3   D.5

17.《旅行社条例》规定，经营国内旅游业务和入境旅游业务的旅行社，应当存入质量保证金______；经营出境旅游业务的旅行社，应当增存质量保证金______。

A.50 万元　100 万元   B.60 万元　120 万元

C.20 万元　120 万元   D.30 万元　120 万元

18.《旅游投诉处理办法》规定，旅游投诉处理机构接到投诉，经审查，符合受理条件的，应当在______个工作日内做出受理、不予受理或转办的处理。

A.5   B.7   C.15   D.20

19. 负责全国风景名胜区监督管理工作的部门是______。

A. 国务院林业主管部门   B. 国务院环境保护主管部门

C. 国务院建设主管部门   D. 国务院旅游行政管理部门

20. 某旅行社被旅游主管部门依据《旅游法》罚款 9000 元，可能是因为______。

A. 未经许可经营出境旅游业务

B. 安排旅游者参与违反我国法律、法规的项目

C. 在旅游行程中擅自变更旅游行程安排，严重损害旅游者权益

D. 要求导游垫付或者向导游收取费用

21.《合同法》规定，具有撤销权的当事人自知道或者应当知道撤销事由之日起______内没有行使撤销权的，撤销权消灭。

A. 半年　　B. 1 年　　C. 2 年　　D. 3 年

22. 定金数额一般不能超过合同标的额的______。

A. 10%　　B. 20%　　C. 30%　　D. 40%

23.《旅游法》规定，旅行社委派的导游人员和领队人员未持有国家规定的导游证或者领队证的，由旅游行政管理部门责令改正，没收违法所得，并处______罚款。

A. 1000 元以上 1 万元以下　　B. 2000 元以上 2 万元以下

C. 5000 元以上 5 万元以下　　D. 2 万元以上 10 万元以下

24. 根据《导游人员管理条例》，下列不属于参加导游人员资格考试应具备条件的是______。

A. 中华人民共和国公民且身体健康

B. 具有高中、中专或者以上学历

C. 具有大学专科以上学历

D. 具有导游职业需要的基本知识和语言表达能力

25. 甲旅行社是一家具备出境旅游业务经营资质的旅行社。该旅行社设立了 12 家经营国内旅游业务和入境旅游业务的分社，还设立了 5 家经营出境旅游业务的分社，及 26 家营业网点，则甲旅行社旅游服务质量保证金账户内满额应当是人民币______万元。

A. 120　　B. 350　　C. 160　　D. 375

26.《旅行社条例》规定，旅行社自交纳或者补足质量保证金之日起______年内未因侵害旅游者合法权益受到行政机关罚款以上处罚的，旅游行政管理部门应当将质量保证金的交存数额降低 50%，并向社会公告。

A. 1　　B. 2　　C. 3　　D. 4

27. 中国境内，饭店正式开业______的，可申请星级评定。

A. 1 年以内　　B. 1 年以上　　C. 3 年以内　　D. 3 年以上

28. 需要立即制止、纠正被投诉人的损害行为的，应当由______旅游投诉处理机构管辖。

A. 旅游合同签订地　　B. 损害行为发生地

C. 投诉人所在地　　D. 被投诉人所在地

29. 共同投诉可以由投诉人推选______名代表进行投诉。

A. 1　　B. 3　　C. 1 至 3　　D. 4

30. 因旅游经营者方面的同一原因造成旅游者人身损害、财产损失，旅游者选择要求旅游经营者承担______的，人民法院应当根据当事人选择的案由进行审理。

A. 违约责任　　B. 侵权责任

C. 违约责任或者侵权责任　　D. 违约责任和侵权责任

二、多项选择题（以下每题可能有二至四个选项正确，多选、少选或错选均不得分。每题 1 分，共 35 分）

1. 现行《宪法》规定，______是我国公民依法享有的权利。

A. 言论、出版　　B. 依法服兵役　　C. 游行、示威

D. 宗教信仰　　E. 集会、结社

2. 依据现行《宪法》规定，关于中华人民共和国公民的基本权利和义务，下列说法正确的有______。

A. 公民有受教育的权利和义务

B. 公民有劳动的权利和义务

C. 年满 16 周岁的公民，都有选举权和被选举权

D. 公民有维护国家统一的义务

E. 我国已实施全面二孩政策，夫妻双方已无计划生育的义务

3. 依法治国的六大任务包括______。

A. 深入推进依法行政，加快建设法治政府

B. 保证公正司法，提高司法公信力

C. 增强全民法治观念，推进法治社会建设

D. 加强法治工作队伍建设

E. 扎实推进旅游行业的依法行政

4.《旅游法》规定，导游人员在促进旅游文明方面的义务包括______。

A. 向旅游者告知旅游文明行为规范

B. 向旅游者解释旅游文明行为规范

C. 引导旅游者健康、文明旅游

D. 劝阻旅游者违反社会公德的行为

E. 推选文明旅游典型

5.《国务院关于促进旅游业改革发展的若干意见》确定的深化旅游改革的措施包括______。

A. 破除对旅行社跨省设分社、设门市的限制

B. 建立景区门票预约制度，对景区游客进行最大承载量控制

C. 全面推行导游执业自由化

D. 取消边境旅游项目审批

E. 将旅行社经营边境游资格审批和外商投资旅行社业务许可下放至省级旅游部门

6.《国民旅游休闲纲要（2013—2020 年）》提出，要落实对______等群体实行减免门票等优惠政策。

A. 未成年人　　B. 高校学生　　C. 老年人

D. 导游　　E. 现役军人、残疾人

7.《合同法》规定，因______所订立的合同，当事人有权请求人民法院或者仲裁机构变更或撤销。

A. 重大误解

B. 以合法形式掩盖非法目的

C. 一方以欺诈订立合同的，损害国家利益

D. 恶意串通，损害第三人利益的

E. 在订立合同时显失公平的

8. 经营者与消费者进行交易的原则有______和诚实信用原则。

A. 自愿　　B. 平等　　C. 公平　　D. 合法　　E. 禁止权利滥用

9. 根据《娱乐场所管理条例》，禁止娱乐场所内的娱乐活动含有______的内容。

A. 违反国家宗教政策，宣扬邪教、迷信的

B. 违背社会公德或者民族优秀文化传统的

C. 侮辱、诽谤他人，侵害他人合法权益的

D. 违反宪法确定的基本原则的

E. 违反劳动纪律或公司章程的

10. 下列属于旅游安全管理工作方针的是______。

A. 安全第一　　B. 统一领导　　C. 预防为主

D. 分级管理　　E. 以基层为主

11. 食品安全事故，指______等源于食品，对人体健康有危害或者可能有危害的事故。

A. 食物中毒　　B. 食源性疾病　　C. 食品污染

D. 食品微量元素　　E. 食品添加剂

12.《合同法》所指的合同，是指平等主体的_______之间设立、变更、终止民事权利义务关系的协议。

A. 公民　　B. 自然人　　C. 法人　　D. 其他组织　　E. 个人

13. 根据《铁路法》，由于_______原因造成的货物、包裹、行李损失的，铁路运输企业不承担赔偿责任。

A. 不可抗力

B. 货物或者包裹、行李中的物品本身的自然属性

C. 托运人、收货人的过错

D. 旅客的过错

E. 承运人的过错

14. 违反《旅游法》规定，_______，由旅游主管部门责令改正，没收违法所得，并处1000元以上1万元以下罚款，予以公告。

A. 未取得导游证从事导游活动的

B. 未取得领队证从事领队活动的

C. 未佩戴导游证、领队证的

D. 伪造导游证、领队证的

E. 借用他人导游证、领队证的

15. 根据《旅游法》，导游和领队从事业务活动，应当______。

A. 佩戴导游证、领队证，遵守职业道德

B. 尊重旅游者的风俗习惯和宗教信仰

C. 向旅游者告知和解释旅游文明行为规范

D. 拒绝旅游者合同外的一切要求

E. 劝阻旅游者违反社会公德的行为

16.《旅游法》规定，面对旅游主管部门和有关部门实施的监督检查，被检查单位和个人有权拒绝的情形包括______。

A. 突击检查未提前告知　　B. 检查人员未穿制服

C. 一名检查人员　　D. 检查人员未出示合法证件

E. 两名检查人员

17.《消费者权益保护法》规定，经营者有______等侵害消费者或者其他受害人人身权益的行为，造成严重精神损害的，受害人可以要求精神损害赔偿。

A. 侮辱诽谤　　B. 搜查身体　　C. 侵犯人身自由

D. 欺诈　　E. 乘人之危

18.《合同法》规定，当事人承担违约责任的主要形式包括______。

A. 继续履行　　B. 采取补救措施　　C. 支付违约金

D. 赔偿损失　　E. 行政拘留

19. 下列属于旅游者权利的是______。

A. 有权知悉其购买的旅游产品和服务的真实情况

B. 有权自主选择旅游产品和服务

C. 有权拒绝强制交易行为

D. 有权要求旅游经营者按照约定提供产品和服务

E. 有权在旅游活动中享受便利和优惠

20. 下列属于旅游者义务的是______。

A. 旅游者在旅游活动中应当遵守社会公共秩序和社会公德，尊重当地的风俗习惯、文化传统和宗教信仰

B. 旅游者在旅游活动中应当爱护旅游资源，保护生态环境，遵守旅游文明行为规范

C. 旅游者在旅游活动中或者在解决纠纷时，不得损害当地居民的合法权益，不得干扰他人的旅游活动

D. 旅游者购买、接受旅游服务时，应当向旅游经营者如实告知与旅游活动相关的个人健康信息，遵守旅游活动中的安全警示规定

E. 旅游者在旅游活动中或者在解决纠纷时，可以不考虑旅游经营者和旅游从业人员的合法权益

21.《宪法》规定，______既是公民的权利又是公民的义务。

A. 劳动权　　B. 受教育权　　C. 宗教信仰

D. 休息权　　E. 获得帮助权

22.《国民旅游休闲纲要（2013—2020年）》提出的完善国民旅游休闲公共服务有______。

A. 加强旅游休闲服务信息披露

B. 加强旅游咨询公共网站建设

C. 加强规划指导

D. 创新人才模式，提高旅游休闲高等教育、职业教育质量

E. 加强旅游休闲安全、卫生等保障工作

23. 王某2014年因违法行为被吊销导游证。2015年8月被发现仍然在带团。根据《旅游法》规定，旅游主管部门除责令改正外，还应对李某的行为进行的处罚包括______。

A. 予以公告

B. 没收违法所得

C. 并处1000元以上1万元以下罚款

D. 并处1000元以上3万元以下罚款

E. 责令委派导游的旅行社停业整顿

24. 外国人不准出境的情形______。

A. 被判处刑罚尚未执行完毕

B. 属于刑事案件的被告人和公安机关或者人民检察院或者人民法院认定的犯罪嫌疑人

C. 有未了结民事案件人民法院决定不准出境的

D. 拖欠劳动者的劳动报酬，经国务院有关部门或省级政府决定不准出境的

E. 旅游签证的时间到期

25. 根据《消费者权益保护法》，国家倡导______的消费方式，反对浪费。

A. 文明　　B. 健康　　C. 节约资源　　D. 保护环境　　E. 低碳

26. 下列属于导游员被扣6分的情形有______。

A. 拒绝、逃避检查，或者欺骗检查人员的

B. 有损害国家利益民族尊严言行的

C. 向旅游者兜售物品的

D. 私自转借导游证供他人使用的

E. 未按规定时间到岗的

27. 风景名胜区必须具备______条件。

A. 具有代表性的自然生态系统　　B. 有特殊意义的自然遗迹

C. 具有观赏、文化、科学价值　　D. 自然景物、人文景物比较集中

E. 可供人们游览、休息或进行科学、文化活动

28. 旅游经营者应当就旅游活动中的下列______事项，以明示的方式事先向旅游者做出说明或者警示。

A. 正确使用相关设施、设备的方法

B. 必要的安全防范和应急措施

C. 未向旅游者开放的经营、服务场所和设施、设备

D. 不适宜参加相关活动的群体

E. 危险系数较高的旅游项目

29. 县级以上人民政府旅游主管部门有权对下列______事项实施监督检查。

A. 经营旅行社业务是否取得经营许可

B. 旅行社的经营行为

C. 导游和领队等旅游从业人员的服务行为

D. 从事导游、领队服务是否取得执业许可

E. 游客投诉情况

30.《消费者权益保护法》规定，经营者收集、使用消费者个人信息，应当遵循合法、正当、必要的原则，明示收集、使用信息的______，并经消费者同意。

A. 目的　　B. 方式　　C. 范围

D. 时间　　E. 保密措施

31. 旅行社违反《旅游法》规定，有下列______行为之一的，将由旅游主管部门责令改正，处 3 万元以上 30 万元以下罚款，并责令停业整顿。

A. 在旅游行程中擅自变更旅游行程安排，严重损害旅游者权益的

B. 拒绝履行合同的

C. 未征得旅游者书面同意，委托其他旅行社履行包价旅游合同的

D. 进行虚假宣传，误导旅游者的

E. 向不合格的供应商订购产品和服务的

32. 国家根据旅游活动的风险程度，对______等经营者实施责任保险制度。

A. 旅行社　B. 餐饮　C. 旅游交通

D. 高风险旅游项目　E. 旅游景区

33.《最高人民法院关于审理旅游纠纷案件适用法律若干问题的规定》所称的旅游纠纷，是指旅游者与______之间因旅游发生的合同纠纷或者侵权纠纷。

A. 旅游经营者　B. 司机　C. 领队

D. 导游　E. 旅游辅助服务者

34. “旅游辅助服务者”是指与旅游经营者存在合同关系，协助旅游经营者履行旅游合同义务，实际提供______娱乐等旅游服务的人。

A. 交通　B. 游览　C. 住宿

D. 餐饮　E. 购物

35. 旅游者在旅游行程中未经______许可，故意脱离团队，遭受人身损害、财产损失，请求旅游经营者赔偿损失的，人民法院不予支持。

A. 导游　B. 领队　C. 旅行社

D. 旅游经营者　E. 旅游辅助服务者

模拟试题三

一、单项选择题（以下每题有且只有一个选项正确。每题 0.5 分，共 15 分）

1. 凡具有中华人民共和国国籍的人都是中华人民共和国______。

A. 人民　B. 居民　C. 公民　D. 国民

2. 全国人民代表大会有权______。

A. 解释宪法　B. 修改宪法　C. 废除宪法　D. 停止执行宪法

3. 现行《宪法》没有规定的内容为______。

A. 国旗　B. 国徽　C. 国花　D. 国歌

4.《中共中央关于全面推进依法治国若干重大问题的决定》提出要建设______法治保障体系。

A. 完备的　B. 高效的　C. 严密的　D. 有力的

5.《中共中央关于全面推进依法治国若干重大问题的决定》提出了依法治国的______任务。

A. 三大　B. 四大　C. 五大　D. 六大

6.《中共中央关于全面推进依法治国若干重大问题的决定》提出，要完善以______为核心的中国特色社会主义法律体系。

A. 旅游法　B. 刑法　C. 民法　D. 宪法

7.《国务院关于加快发展旅游业的意见》提出，坚持以______为重点，积极发展______，有序发展______。

A. 入境旅游　国内旅游　出境旅游

B. 国内旅游　入境旅游　出境旅游

C. 出境旅游　入境旅游　国内旅游

D. 国内旅游　出境旅游　入境旅游

8.《国务院关于促进旅游业改革发展的若干意见》提出，以转型升级、提质增效为主线，推动旅游产品向______转变，满足多样化、多层次的旅游消费需求。

A. 观光为主，兼顾休闲、度假　　B. 休闲为主，观光、度假为辅

C. 度假为主，观光、休闲为辅　　D. 观光、休闲、度假并重

9.《合同法》规定，在合同中价款或者报酬不明确的，按照订立合同时履行地的______履行；依法应当执行政府定价或者政府指导价的，按照规定执行。

A. 平均价格　　B. 最高价格　　C. 市场价格　　D. 参考价格

10. 鑫鑫旅行社组织赴乌镇旅游，乌镇第一道门票为 60 元，第二道门票为 40 元，第三道门票为 30 元。旅游合同载明：门票包含在旅游费中。按照旅行社通常惯例，旅行社只负责第一道门票。你认为鑫鑫旅行社应当负责的门票费用为______元。

A.60　　B.100　　C.130　　D.70

11. 根据《旅游法》，旅游行程开始前，旅游者可以将包价旅游合同中自身的权利义务转让给第三人，旅行社没有正当理由的不得拒绝，因此增加的费用由______。

A. 旅游者承担　　B. 第三人承担

C. 旅游者或第三人承担　　D. 旅游者和第三人承担

12. 根据《旅游安全管理暂行办法》，旅游安全遵循______的方针。

A. 安全第一，预防为主　　B. 统一领导，专兼结合

C. 预防为主，消防结合　　D. 统一领导，责任落实

13.______有权举报食品生产经营中的违法行为，有权向有关部门了解食品安全信息，对食品安全监督管理工作提出意见和建议。

A. 任何组织或个人　　B. 只有食品生产经营者

C. 仅消费者　　D. 只有食品企业从业人员

14. 根据《娱乐场所管理条例》，娱乐场所不得设在建筑物______以下。

A. 一层　　B. 二层　　C. 地下一层　　D. 地下二层

15. 根据《国内航空运输承运人赔偿责任限额规定》，对每名旅客人身伤亡的赔偿责任限额为人民币______。

A.2000 元　　B.3000 元　　C.40 万　　D.15 万

16. 铁路的旅客票价率和货物、行李的运价率实行______，竞争性领域实行市场调节价。

A. 单一的政府定价　　B. 政府指导价或者政府定价

C. 市场调节价　　D. 市场调节价或者政府定价

17. 徐某欲向旅游行政管理部门申请设立旅行社，经营国内旅游业务和入境旅游业务，按照《旅游法》的规定，下列哪一项不是必备条件______。

A. 有必要的导游　　B. 有必要的营业设施

C. 有必要的经营管理人员　　D. 有不少于 30 万元的注册资本

18. 受理经营国内游和入境游业务的旅游行政管理部门应当自受理之日起_______内，做出许可或者不予许可的决定。

A.20 个工作日　　B.60 个工作日　　C.20 日　　D.60 日

19.《旅游法》规定，因不可抗力造成旅游者滞留的，旅行社应当采取相应的安置措施。因此增加的______费用，由旅游者承担；增加的______费用，由旅行社与旅游者分担。

A. 返程　食宿　　B. 食宿　返程

C. 门票　返程　　D. 返程　门票

20.《旅游法》规定，被吊销导游证、领队证的导游、领队，自处罚之日起未逾______年的，不得重新申请导游证、领队证。

A.1　　B.2　　C.3　　D.5

21.《旅游法》规定，未经许可经营旅行社业务的，由旅游主管部门或者工商行政管理部门责令改正，没收违法得所，并处______的罚款。

A.5000 元以上 5 万元以下　　B.1 万元以上 10 万元以下

C.2 万元以上 20 万元以下　　D.3 万元以上 30 万元以下

22. 旅行社应当按照规定交纳_______，用于旅游者权益损害赔偿和垫付旅游者人身安全遇有危险时紧急救助的费用。

A. 旅游风险抵押金　　B. 旅游权益损害赔偿金

C. 旅游安全保障金　　D. 旅游服务质量保证金

23.《旅游法》规定，取得_______，具有相应的学历语言能力和旅游从业经历，并与旅行社订立劳动合同的人员，可以申请取得领队证。

A. 导游资格证　　B. 旅行社经理资格证

C. 导游证　　D. 旅游行业岗位培训证

24.《合同法》规定，采用格式条款订立合同的，提供格式条款的一方应当遵循_____确定当事人之间的权利和义务，并采取合理的方式提请对方注意免除或者限制责任的条款，按照对方的要求，对该条款予以说明。

A. 诚实信用原则　　B. 公平原则

C. 自愿原则　　D. 保护旅游者合法权益原则

25.《合同法》规定，对格式条款的理解发生争议的，应当按照通常理解予以解释。对格式条款有两种以上解释的，应当做出______一方的解释。

A. 不利于提供格式条款　　B. 有利于提供格式条款

C. 投诉者　　D. 被投诉者

26.______是指双务合同的当事人应同时履行义务的，一方在对方未履行前，有拒绝对方请求自己履行合同的权利。

A. 不安抗辩权　　B. 先履行抗辩权

C. 后履行抗辩权　　D. 同时履行抗辩权

27.《文物保护法》规定，国有的博物馆、图书馆和其他单位的文物藏品禁止______。

A. 出卖　　B. 调拨　　C. 交换　　D. 出境

28.《旅游投诉处理办法》规定，向旅游投诉处理机构请求保护合法权益的投诉时效期间为______天。

A.30　　B.60　　C.90　　D.120

29. 旅游经营者准许他人挂靠其名下从事旅游业务，造成旅游者人身损害、财产损失，旅游者请求旅游经营者与挂靠人承担______的，人民法院应予支持。

A. 连带责任　　B. 民事责任

C. 行政责任　　D. 违约责任

30. 因旅游辅助服务者的原因造成旅游者人身损害、财产损失，旅游者选择请求______承担侵权责任的，人民法院应予支持。

A. 旅游经营者　　B. 导游　　C. 领队　　D. 旅游辅助服务者

二、多项选择题（以下每题可能有二至四个选项正确，多选、少选或错选均不得分。每题 1 分，共 35 分）

1. 下列既是公民基本权利又是公民基本义务的不包括______。

A. 劳动权　　B. 休息权　　C. 选举权

D. 受教育权　　E. 被选举权

2. 政治权利与自由内容包括______。

A. 选举权和被选举权　　B. 监督权　　C. 获得赔偿权

D. 政治自由　　E. 宗教信仰自由

3.《中共中央关于全面推进依法治国若干重大问题的决定》用“三个事关”阐述依法治国的重要性。这“三个事关”包括______。

A. 事关我们党执政兴国　　B. 事关人民幸福安康

C. 事关经济快速发展　　D. 事关党和国家长治久安

E. 事关祖国统一大业

4. 依法治国的五大体系包括______。

A. 完备的法律规范体系　　B. 高效的法治实施体系

C. 严密的法治监督体系　　D. 有力的旅游法规体系

E. 完善的党内法规体系

5.《合同法》规定，因______所订立的合同，当事人有权请求人民法院或者仲裁机构变更或撤销。

A. 重大误解

B. 以合法形式掩盖非法目的

C. 一方以欺诈、胁迫的手段订立的合同

D. 恶意串通、损害第三人利益的

E. 显失公平

6. 外国人在中国免签的情形有______。

A. 据中国政府与其他国家政府签订的互免签证协议，属于免办签证人员的

B. 持联程客票搭乘国际航班直接过境，在中国停留不超过 24 小时，不出机场

C. 持有效的外国人居留证的

D. 要求临时离开机场的

E. 经边防检查机关批准

7. 根据《消费者权益保护法》，经营者采用网络、电视、电话、邮购等方式销售商品，消费者有权自收到商品之日起七日内退货，且无须说明理由，但下列______商品除外。

A. 赵先生定做的雅戈尔衬衫

B. 李女士电话订购的鲜鱼

C. 王先生网购的电饭锅

D. 周女士网购且已拆封的 TFBOYS 的新 CD 专辑

E. 马先生邮购的《女友》杂志

8. 根据《娱乐场所管理条例》，娱乐场所不得设在______地点。

A. 居民楼、博物馆、图书馆和被核定为文物保护单位的建筑物内

B. 居民住宅区和学校、医院、机关周围

C. 车站、机场等人群密集的场所

D. 建筑物一层以下

E. 与危险化学品仓库毗连的区域

9. 根据《合同法》，有下列______情形之一的，合同无效。

A. 一方以胁迫的手段订立合同，损害国家利益的

B. 因重大误解订立合同的

C. 在订立合同时显失公平的

D. 恶意串通，损害集体利益订立合同的

E. 以合法形式掩盖非法目的订立合同的

10. 外国人在非开放地区居留，须出示______。

A. 介绍信　　B. 签证　　C. 护照

D. 居留证件　　E. 旅行证

11. 我国食品安全法中要求下列哪种物品使用前必须消毒______。

A. 餐具　　B. 饮具　　C. 盛放直接入口食品的容器

D. 水果　　E. 肉类

12. 特大旅游安全事故发生后，应当在 24 小时内写出书面事故报告，其内容包括______。

A. 事故发生的时间、地点　　B. 事故的简要经过

C. 事故报告单位　　D. 事故发生后采取的措施及事故控制情况

E. 事故发生原因的最终确定

13. 根据《民用航空法》，民航承运人不承担责任的情况有______。

A. 旅客购票后，在机场商店购物时滑倒受伤

B. 因雷电，飞机延误

C. 完全由旅客自身原因造成的伤害

D. 旅客下飞机时，因拥挤被碰倒摔伤

E. 旅客在飞机上心脏病发作

14. 根据《国内水路运输管理条例》，水路运输经营者有下列______的，由海事管理机构依法予以处罚。

A. 未按照规定配备船员或者未使船舶处于适航状态

B. 超越船舶核定载客定额或者核定载重量载运旅客或者货物

C. 使用货船载运旅客

D. 使用未取得危险货物适装证书的船舶运输危险货物

E. 客船经常延误

15.《旅游法》规定，旅游者有下列______情形的，旅行社可以解除合同。

A. 从事违法活动的

B. 携带危害公共安全的物品且不同意交有关部门处理的

C. 从事违反社会公德活动的

D. 从事严重影响其他旅游者权益的活动，且不听劝阻、不能制止的

E. 擅自脱团的

16. 风景名胜区的价值主要表现在______方面。

A. 观赏　　B. 文化　　C. 科学

D. 历史　　E. 艺术

17.《娱乐场所管理条例》规定，国家倡导弘扬民族优秀文化，禁止娱乐场所内的娱乐活动含有下列______内容。

A. 违反宪法确定的基本原则的

B. 危害公共安全的

C. 危害国家安全，或者损害国家荣誉、利益的

D. 煽动民族仇恨、民族歧视，伤害民族感情或者侵害民族风俗、习惯，破坏民族团

结的

E. 违反国家宗教政策，宣扬邪教、迷信的

18. 旅行社将旅游业务委托给其他旅行社，下列说法正确的是______。

A. 应当委托给具有相应资质的旅行社

B. 受托方应与游客签订委托合同

C. 向地接社提供与旅游者订立的包价旅游合同的副本

D. 应当向接受委托的旅行社支付不低于接待和服务成本的费用

E. 旅行社应与接受委托方签订委托合同

19. 下列情况，属于无效合同的有______。

A. 因欺诈而订立损害国家利益的合同

B. 因胁迫而订立的损害国家利益合同

C. 损害合同一方当事人利益的合同

D. 当事人以合法形式掩盖非法目的的合同

E. 违反法律行政法规强制性规定的合同

20. 根据《食物中毒事故处理办法》造成食物中毒或者有证据证明可能导致食物中毒的食品生产经营单位、发生食物中毒或者疑似食物中毒事故的单位应当采取下列相应______措施。

A. 立即停止其生产经营活动

B. 协助家属救治病人

C. 保留造成食物中毒或者可能导致食物中毒的食品及其 原料、工具、设备和现场

D. 配合卫生行政部门进行调查

E. 落实卫生行政部门要求采取的其他措施

21.《保护世界文化和自然遗产公约》规定，下列______各项应列为“自然遗产”。

A. 具有突出的普遍价值的由物质和生物结构或这类结构群组成的自然景观

B. 从科学或保护角度看具有突出的普遍价值的地质和地文结构

C. 明确划为受到威胁的动物和植物生境区

D. 从科学、保存或自然美角度看具有突出的普遍价值的天然名胜

E. 珍稀濒危野生动植物集中分布区

22. 经营______等高风险旅游项目，应当按照国家有关规定取得经营许可。

A. 高空　B. 攀岩　C. 水上　D. 滑雪　E. 探险

23. 旅行社订立包价旅游合同时，应当向旅游者告知______。

A. 旅游者不适合参加旅游活动的情形

B. 旅游活动中的安全注意事项

C. 旅行社依法可以减免责任的信息

D. 旅游者应当注意的旅游目的地相关法律、法规和风俗习惯、宗教禁忌，依照中国法律不宜参加的活动等

E. 在旅游团费以外可能产生的其他费用

24.《国内水路运输管理条例》规定，水路运输经营者投入运营的船舶应当符合下列______条件。

A. 与经营者的经营范围相适应

B. 取得有效的船舶登记证书和检验证书

C. 符合国务院交通运输主管部门关于船型技术标准和船龄的要求

D. 有与其申请的经营范围和船舶运力相适应的海务、机务管理人员

E. 有健全的船舶管理制度

25.《娱乐场所管理条例》规定，有下列______情形之一的人员，不得开办娱乐场所或者在娱乐场所内从业。

A. 曾犯有过失罪的

B. 因犯罪曾被剥夺政治权利的

C. 曾犯有制作、贩卖、传播淫秽物品罪

D. 因吸食、注射毒品曾被强制戒毒的

E. 因卖淫、嫖娼曾被处以行政拘留的

26. 旅游者在旅游活动中应当______。

A. 遵守社会公共秩序和社会公德

B. 遵守旅行社的所有行程安排

C. 爱护旅游资源

D. 保护生态环境

E. 遵守旅游文明行为规范

27. 下列属于无效合同的是______。

A. 旅行社与旅游者签订的委托订房合同

B. 导游与旅游商品商店串通，使旅游者购买了假的玉镯

C.12 岁的小明和某旅行社签订的旅游合同

D. 某中介公司以劳务输出为目的和旅行社签订的旅游合同

E. 业务员小李在辞职后用原单位手续签订的合同

28. 根据《旅游法》，下列属于订立包价旅游合同时，旅行社应当向旅游者详细说明的有______。

A. 旅游团成团的最低人数

B. 违约责任和解决纠纷的方式

C. 旅游行程安排

D. 旅行社的基本信息

E. 旅游者的基本信息

29.《旅游法》规定，突发事件或旅游安全事故发生后，旅游经营者应当立即_____。

A. 通知旅游者家属

B. 依法履行报告义务

C. 采取必要的处置措施

D. 采取必要的救助措施

E. 对旅游者做出妥善安排

30. 旅游经营者是指______。

A. 旅行社

B. 履行辅助人

C. 景区

D. 为旅游者提供交通、住宿、餐饮、购物、娱乐等服务的经营者

E. 旅游行业组织

31. 导游、领队违反《旅游法》规定，向旅游者索取小费的，______。

A. 由旅游主管部门责令退还

B. 由旅游主管部门没收违法所得

C. 处 1000 元以上 1 万元以下罚款

D. 情节严重的，暂扣或者吊销导游证、领队证

E. 处 2000 元以上 2 万元以下罚款

32. 高级导游人员的考核采取笔试方式，考试科目为______。

A. 导游知识专题　　B. 汉语言文学知识　　C. 导游综合知识

D. 导游能力测试　　E. 导游服务能力

33. 下列______投诉，旅游投诉处理机构不予受理。

A. 消费者协会已经受理的投诉

B. 超过旅游合同结束之日 60 天的

C. 旅游投诉处理机构已经做出处理，且没有新情况、新理由的

D. 旅行社与旅游酒店的经济纠纷

E. 有明确的被投诉人但没有具体的事实和理由的投诉

34. 对侵害众多消费者合法权益的行为，______可以向人民法院提起诉讼。

A. 消费者　　B. 经营者

C. 在市设立的消费者协会　　D. 中国消费者协会

E. 在省、自治区、直辖市设立的消费者协会

35. 旅游投诉处理机构应当在查明事实的基础上，遵循______的原则进行调解，促使投诉人与被投诉人相互谅解，达成协议。

A. 自愿　　B. 合法　　C. 平等　　D. 公平　　E. 诚实信用

模拟试题四

一、单项选择题（以下每题有且只有一个选项正确。每题 0.5 分，共 15 分）

1. 任何公民，非经______批准或者决定或者______决定，并由______执行，不受逮捕。

A. 人民检察院　人民法院　公安机关

B. 人民法院　人民检察院　公安机关

C. 人民法院　公安机关　人民检察院

D. 公安机关　人民检察院　人民法院

2. 现行《宪法》规定，中华人民共和国国徽，中间是五星照耀下的天安门，周围是______。

A. 镰刀和斧头　B. 锤子和斧头　C. 镰刀和齿轮　D. 谷穗和齿轮

3.《中共中央关于全面推进依法治国若干重大问题的决定》将每年______定为国家宪法日。

A.4 月 12 日　B.10 月 4 日　C.2 月 14 日　D.12 月 4 日

4. 法律的权威源自______。

A. 实施　B. 人民的内心拥护和真诚信仰

C. 司法公正　D. 良法

5.______是新时期旅游业发展的重要标志。

A. 休闲度假　B. 出境旅游　C. 依法治旅　D. 生态旅游

6.《国务院关于加快发展旅游业的意见》提出，要把旅游业培育成______现代服务业。

A. 国民经济的战略性先导产业和人民群众全部满意的

B. 国民经济的战略性支柱产业和人民群众全部满意的

C. 国民经济的前瞻性支柱产业和人民群众更加满意的

D. 国民经济的战略性支柱产业和人民群众更加满意的

7.《国务院关于促进旅游业改革发展的若干意见》提出，推动符合规定条件的对外开放口岸开展外国人签证业务，逐步优化完善外国人______小时过境免签政策。

A. 96　　B. 72　　C. 48　　D. 24

8.______年 2 月 2 日，国务院办公厅印发了《国民旅游休闲纲要（2013—2020 年）》。

A. 2009　　B. 2012　　C. 2013　　D. 2014

9. 显失公平的民事行为，经______认定，该民事行为便可变更或撤销。

A. 工商行政管理部门　　B. 消费者协会

C. 人民法院　　D. 旅游行政管理部门

10. 某消费者到 A 市大酒店进行餐饮消费，该酒店在酒店醒目位置贴有“谢绝自带酒水”的告示，下列说法错误的是______。

A. 该条款属于酒店服务合同的合法条款

B. 根据《合同法》及《消费者权益保护法》规定，提供格式条款一方免除其责任、加重对方责任、排除对方主要权利的，该条款无效，所以该条款属于无效条款

C.A 市大酒店谢绝自带酒水属于餐饮经营者利用其优势地位，做出的加重消费者责任的不公平、不合理的规定，是霸王条款

D. 消费者可以请求人民法院确认该霸王条款无效

11. 因未达到约定人数不能出团的，组团社经征得旅游者书面同意，可以委托其他旅行社履行合同，关于责任承担，下列正确的是______。

A. 组团社不对旅游者承担责任，受委托的旅行社对旅游者承担责任

B. 组团社对旅游者承担责任，受委托的旅行社对组团社承担责任

C. 组团社和受委托的旅行社对旅游者承担责任

D. 根据情况，组团社或受委托的旅行社对旅游者承担责任

12. 旅游行程结束前，旅游者解除合同的，______。

A. 组团社不必将余款退还旅游者

B. 组团社应当将全部余款退还给旅游者

C. 组团社应当在扣除必要的费用后，将余款退还旅游者

D. 组团社视具体情况将余款退还旅游者

13. 下列说法错误的是______。

A. 经营者与消费者进行交易，应当遵循自愿、平等、公平、诚实信用的原则

B. 国家倡导文明、健康、节约资源和保护环境的消费方式，反对浪费

C. 国家采取措施，保障消费者依法行使权利，维护消费者的合法权益

D. 经营者向消费者提供商品或者服务，应当恪守社会公德，诚信经营，保障消费者的合法权益；只要双方认可，可以设定不公平、不合理的交易条件

14. 经营者应当保证其提供的商品或者服务符合保障人身、财产安全的要求。对______的商品和服务，应当向消费者做出真实的说明和明确的警示，并说明和标明正确使用商品或者接受服务的方法以及防止危害发生的方法。

A. 不合格　　B. 未经检验

C. 数量不足　　D. 可能危及人身、财产安全

15. 外国旅游者在华期间正常死亡的，由县级或县级以上的医院出具______。

A. 死亡鉴定书　　B. 死亡证明书

C. 棺柩出境许可证　　D. 防腐证明书

16. 一北京旅游团 4 名游客在大连旅游活动期间，发生意外车祸，造成 1 死 3 伤。该事故属于______。

A. 轻微事故　　B. 一般事故

C. 重大事故　　D. 特大事故

17.《民用航空法》规定，因______，承运人不承担法律责任。

A. 飞机坠毁造成乘客死亡　　B. 空中颠簸造成乘客受伤

C. 乘客在飞机上被劫持者杀害　　D. 乘客死亡给他人造成精神痛苦

18. 根据《消费者权益保护法》，网络交易平台提供者明知或者应知销售者或者服务者利用其平台侵害消费者合法权益，未采取必要措施的，依法与该销售者或者服务者承担______。

A. 同等责任　　B. 关联责任　　C. 主要责任　　D. 连带责任

19. 根据《国内水路运输管理条例》，旅客班轮运输业务经营者自取得班轮航线经营许可之日起_____日内未开航的，由负责水路运输管理的部门责令改正；拒不改正的，由原许可机关撤销该项经营许可。

A.20　　B.30　　C.50　　D.60

20. 受理设立旅行社申请的旅游行政管理部门予以许可的，向申请人颁发______。

A. 旅行社业务经营许可证　　B. 企业名称预先核准通知书

C. 企业法人营业执照　　　　　　D. 企业法人税务登记证

21. 旅行社取得经营许可满______，且未因侵害旅游者合法权益受到行政机关罚款以上处罚的，可以申请经营出境旅游业务。

A.1 年　　B.2 年　　C.3 年　　D.4 年

22. 旅行社应当自取得旅行社业务经营许可证之日起______个工作日内，在国务院旅游行政主管部门指定的银行开设专门的质量保证金账户，存入质量保证金。

A.5　　B.3　　C.10　　D.20

23. 导游、领队违反《旅游法》规定，向旅游者索取小费的，由旅游主管部门责令退还，处 1000 元以上 1 万元以下罚款；情节严重的，并______。

A. 暂扣导游证　　　　　　B. 暂扣或吊销导游证

C. 吊销导游证　　　　　　D. 暂扣和吊销导游证

24. 下列行为中，不属于导游人员在导游活动时被扣除 4 分情形的是______。

A. 私自带人随团游览的　　　　　　B. 讲解质量差或不讲解的

C. 无故不随团活动的　　　　　　D. 不尊重旅游者宗教信仰和民族风俗的

25. 下列行为中，属于导游人员在导游活动时被扣除 2 分情形的是______。

A. 有损害国家利益和民族尊严的

B. 向旅游者兜售物品或购买旅游者物品的

C. 私自转借导游证供他人使用的

D.10 人以上团队未打接待社社旗的

26.《旅游法》规定，旅行社未经旅游者同意在旅游合同约定之外提供其他有偿服务的，由旅游行政管理部门责令改正，没收违法所得，责令停业整顿，并处______罚款。

A.5000 元以上 5 万元以下　　　　B.1 万元以上 10 万元以下

C.2 万元以上 20 万元以下　　　　D.3 万元以上 30 万元以下

27. 经营者提供的机动车、计算机、电视机、电冰箱、空调器、洗衣机等耐用商品或者装饰装修等服务，消费者自接受商品或者服务之日起______内发现瑕疵，发生争议的，由经营者承担有关瑕疵的举证责任。

A.1 个月　　B.3 个月　　C.6 个月　　D.1 年

28. 根据《国内航空运输承运人赔偿责任限额规定》，对每名旅客人身伤亡的赔偿责任限额及随身携带物品的赔偿责任限额，分别为人民币______。

A.5 万元、800 元　　B.20 万元、2000 元

C.40 万元、3000 元　　D.80 万元、5000 元

29.《旅游投诉处理办法》中的投诉者是______。

A. 旅游经营者　　B. 导游

C. 旅游者　　D. 旅游辅助服务者

30. 因旅游辅助服务者的原因造成旅游者人身损害、财产损失，旅游者选择请求______承担侵权责任的，人民法院应予支持。

A. 旅游经营者　B. 导游　C. 领队　D. 旅游辅助服务者

二、多项选择题（以下每题可能有二至四个选项正确，多选、少选或错选均不得分。每题 1 分，共 35 分）

1. 现行《宪法》规定，下列选项中，在我国依法享有选举权的是______。

A. 赵某，25 岁，中国公民，去年因诽谤罪被依法被剥夺政治权利 3 年

B. 钱某，19 岁，中国公民，现就读香港中文大学

C. 孙某，40 岁，美籍华人，现居住在上海 2 年

D. 李某，30 岁，中国公民，前年因交通肇事罪被依法被判处有期徒刑 3 年缓刑 3 年

E. 周某，65 岁，中国公民，侨居日本已 10 余年

2. 我国《宪法》规定，保护______等特殊主体的权利。

A. 企事业单位　B. 妇女、儿童和老人　C. 华侨、归侨和侨眷

D. 婚姻家庭　E. 失业人员

3. 根据《中共中央关于全面推进依法治国若干重大问题的决定》，下列说法正确的有______。

A. 法律是治国之重器，良法是善治之前提

B. 法律的生命力在于实施，法律的权威在于公正

C. 公正是法治的生命线

D. 法律的权威源自人民的内心拥护和真诚信仰

E. 立法是法治的生命线

4.《国务院关于促进旅游业改革发展的若干意见》提出，保障旅游安全，______要对参

与高风险旅游项目的旅游者进行风险提示，并开展安全培训。

A. 旅游住宿　　B. 旅行社　　C. 景区

D. 旅游交通　　E. 旅游餐饮

5.《国民旅游休闲纲要（2013—2020 年）》中关于加强国民旅游休闲产品开发与活动组织，下列正确的有______。

A. 鼓励开展城市周边乡村度假

B. 大力发展红色旅游

C. 开发适合老年人、妇女、儿童、残疾人等不同人群需要的旅游休闲产品

D. 鼓励学校组织学生进行寓教于游的课外实践活动

E. 提升国民旅游休闲服务质量

6.《国务院办公厅关于进一步促进旅游投资和消费的若干意见》指出，实施旅游消费促进计划，培育新的消费热点就要______。

A. 丰富提升特色旅游商品

B. 积极发展老年旅游

C. 加快自驾车、房车营地建设

D. 支持研学旅行发展

E. 积极发展中医药健康旅游

7. 下列情况中______不是承诺。

A. 受要约人向要约人以外的第三人做出的接收要约的意思表示

B. 受要约人在承诺期限届满后做出的与要约内容完全一致的答复

C. 受要约人对要约含糊的表示同意

D. 某服装店一件衣服标价 500 元，顾客还价 350 元愿意购买

E. 某旅行社给小王去 QQ 留言：一周内交纳 500 元即可参加平遥 2 日游，交款后一周内随报随走，小王没有打电话核对，直接汇去 500 元

8. 广告的经营者不能提供经营者的______应当承担赔偿责任。

A. 真实名称　　B. 地址　　C. 有效联系方式

D. 价格　　E. 保质期

9. 旅游合同中下列免责条款不具有法律效力的是______。

A. 游客参加旅行社推荐的自选项目所造成的损害，旅行社不承担责任

B. 旅客未将贵重物品存入饭店保管室，丢失责任自负

C. 游客参加旅行社组织的旅游，不得自行选择导游人员

D. 完全是由旅游者自身过错造成的损失，旅行社概不负责

E. 游客在旅行前将自身权利义务转让给第三人，由此增加的费用旅行社概不负责

10. 所谓不可抗力，是指______的客观情况。

A. 不能预见　　B. 不能克服　　C. 不能避免

D. 不能影响　　E. 不能抵触

11. 下列旅游事故中，属于重大旅游安全事故的是______。

A. 造成旅游者死亡的事故

B. 造成旅游者重伤致残的事故

C. 造成旅游者多人受伤的事故

D. 造成 10 万—100 万经济损失的事故

E. 造成旅游者多人死亡的事故

12.《旅游法》规定，旅游者在旅游行程中遇到危险时，有权请求_____进行及时救助。

A. 旅游经营者　　B. 当地政府　　C. 当地消费者协会

D. 相关机构　　E. 其他旅游者

13. 食品安全事故发生后，应当采取的措施有______。

A. 开展应急救援工作

B. 封存、检验可能导致事故的食品及其原料

C. 封存被污染的食品用工具及用具

D. 做好信息发布工作

E. 阻止新闻媒体的介入

14. 进口的食品添加剂应当有______。

A. 出口国标识　　B. 中文标签　　C. 中文说明书

D. 英文说明　　E. 出口国说明

15. 根据《娱乐场所管理条例》，曾犯有_______的人员不得开办娱乐场所或者在娱乐场所内从业。

A. 组织、强迫、引诱、容留、介绍卖淫罪　　B. 贩卖淫秽物品罪

C. 盗窃罪　　D. 洗钱罪　　E. 交通肇事罪

16. 根据《娱乐场所管理条例》，外国投资者可以与中国投资者依法设立______娱乐场所。

A. 外商独资经营　　B. 中外合资经营　　C. 中外合作经营

D. 中方独资经营　　E. 外商监督经营

17.《民用航空法》规定，因发生在航空运输期间的事件，造成货物毁灭、遗失或者损坏的，承运人应当承担责任。但是，承运人证明货物的毁灭、遗失或者损坏完全是由于下列______造成的，不承担责任。

A. 承运人或者其受雇人、代理人包装货物的，货物包装不良

B. 货物本身的自然属性、质量或者缺陷

C. 承运人或者其受雇人、代理人以外的人包装货物的，货物包装不良

D. 战争或者武装冲突

E. 政府有关部门实施的与货物入境、出境或者过境有关的行为

18. 根据《铁路法》，下列属于承运人的义务的有______。

A. 保证旅客和货物运输的安全，做到列车正点到达

B. 保证旅客按车票载明的日期、车次乘车，并到达目的站

C. 保持车站和车厢内的清洁卫生，提供饮用开水

D. 列车上实行免费饮食供应

E. 采取措施，防止对铁路沿线环境的污染

19. 根据导游人员计分管理的扣分标准，导游人员在旅游活动中，一次被扣除 10 分的情形有______。

A. 有损害国家利益和民族尊严的言行的

B. 诱导或安排旅游者参加黄赌毒活动项目的

C. 欺骗、胁迫旅游者消费的

D. 未经旅行社委派私自承揽或者以其他任何方式直接承揽导游业务的

E. 向旅游者兜售物品或购买旅游者物品的

20. 被撤销的合同，同无效合同一样，自始没有法律约束力。对因该合同取得的财产，

当事人应当承担______的民事责任。

A. 返还财产　　B. 缴纳罚金　　C. 赔偿损失

D. 没收违法所得　　E. 支付违约金

21. 根据《风景名胜区条例》，我国的风景名胜区划分为______。

A. 国家级重点风景名胜区　　B. 省级风景名胜区

C. 市级风景名胜区　　D. 县级风景名胜区

E. 乡镇级风景名胜区

22.《旅行社条例》规定，同一旅游团队中，旅行社不得由于______提出与其他旅游者不同的合同事项。

A. 旅游者拒绝参加旅行社安排的购物活动

B. 旅游者存在年龄上的差异

C. 旅游者拒绝参加需要旅游者另行付费的旅游项目

D. 旅游者存在职业上的差异

E. 旅游者未如实告知与旅游活动相关的健康信息

23. 根据《旅游法》，旅游经营者应当就旅游活动中的下列______事项，以明示的方式事先向旅游者做出说明或者警示。

A. 必要的安全防范和应急措施

B. 正确使用相关设施、设备的方法

C. 不适宜参加相关活动的群体

D. 旅游行程安排

E. 未向旅游者开放的经营、服务场所和设施、设备

24. 根据《旅游法》，旅游者与旅游经营者发生纠纷，可以通过下列______途径解决。

A. 双方协商

B. 向消费者协会申请调解

C. 根据与旅游经营者达成的仲裁协议提请旅游主管部门仲裁

D. 向人民法院提起诉讼

E. 向旅游投诉受理机构申请调解

25. 中国公民有下列______情形的不准出境。

A. 被判处刑罚尚未执行完毕

B. 有未了结的民事案件，人民法院决定不准出境的

C. 因非法就业被其他国家遣返，未满不准出境规定年限的

D. 患有严重传染病的

E. 属于刑事案件被告人、犯罪嫌疑人的

26. 一名法籍华人进入中国大陆旅游时，须在边防检查站交验的有效证件有______。

A. 中国护照　　B. 中国签证　　C. 中法签证

D. 法国护照　　E. 法国签证

27. 下列适用于旅行社责任保险赔偿的有______。

A. 旅游过程中游客高某随团托运的行李被盗

B. 旅游过程中游客王某被行李架砸伤的治疗费

C. 游客李某私自探望朋友时将脚扭坏的治疗费

D. 导游张某在导游过程中将手臂摔断的治疗费

E. 导游张某在导游过程中手机被盗

28. 根据《食品安全法》，生产不符合食品安全标准的食品或者经营明知是不符合食品安全标准的食品，消费者除要求赔偿损失外，还可以______。

A. 向生产者或者经营者要求支付价款 5 倍或者损失 3 倍的赔偿金

B. 向生产者或者经营者要求支付价款 10 倍或者损失 3 倍的赔偿金

C. 增加赔偿的金额不足 500 元的，为 500 元

D. 增加赔偿的金额不足 1000 元的，为 1000 元

E. 增加赔偿的金额不足 2000 的，为 2000 元

29. 消费者享有自主选择权，下列符合自主选择权内容的选项是______。

A. 有权自主选择经营者

B. 有权自主选择旅游服务产品或服务方式

C. 有权拒绝经营者的强制交易行为

D. 有权进行比较、鉴别和挑选

E. 有权知悉关于商品或服务的真实情况

30. 根据《消费者权益保护法》，经营者提供商品或者服务有欺诈行为的，应当按照

消费者的要求增加赔偿其受到的损失，______。

A. 增加赔偿的金额为消费者购买商品的价款或接受服务的费用的 2 倍

B. 增加赔偿的金额为消费者购买商品的价款或接受服务的费用的 3 倍

C. 增加赔偿的金额不足 500 元的，为 500 元

D. 增加赔偿的金额不足 300 元的，为 300 元

E. 增加赔偿的金额不足 1000 元的，为 1000 元

31. 根据《最高人民法院关于审理旅游纠纷案件适用法律若干问题的规定》，下列属于人民法院应予支持的有______。

A. 旅游经营者未尽到安全保障义务，造成旅游者人身损害，旅游者请求旅游经营者承担责任的

B. 旅游经营者对可能危及旅游者人身、财产安全的旅游项目未履行告知、警示义务，造成旅游者人身损害、财产损失，旅游者请求旅游经营者承担责任的

C. 旅游者在旅游行程中未经导游或者领队许可，故意脱离团队，遭受人身损害、财产损失，请求旅游经营者赔偿损失的

D. 旅游者在自行安排的旅游活动中合法权益受到侵害，请求旅游经营者、旅游辅助服务者承担责任的

E. 旅游经营者泄露旅游者个人信息或者未经旅游者同意公开其个人信息，旅游者请求其承担相应责任的

32. 根据《最高人民法院关于审理旅游纠纷案件适用法律若干问题的规定》，旅游经营者或者旅游辅助服务者为旅游者代管的行李物品损毁、灭失，旅游者请求赔偿损失的，人民法院应予支持，但下列情形除外______。

A. 损失是由于导游或领队的一时疏忽造成的

B. 损失是由于交通事故造成的

C. 损失是由于物品的自然属性造成的

D. 损失是由于旅游者的过错造成的

E. 损失是由于不可抗力、意外事件造成的

33. 旅游投诉，是指旅游者认为旅游经营者损害其合法权益，请求______，对双方发生的民事争议进行处理的行为。

A. 旅游行政管理部门　　B. 消费者协会　　C. 人民法院

D. 旅游质量监督管理机构　　E. 旅游执法机构

34. 旅游投诉由______县级以上地方旅游投诉处理机构管辖。

A. 旅游合同签订地　　B. 旅游合同履行地

C. 投诉人所在地　　D. 被投诉人所在地

E. 投诉人和被投诉人共同指定地

35. 旅游者可以就下列______事项向旅游投诉处理机构投诉。

A. 旅行社安排合同外付费项目

B. 组团旅行社不投保旅行社责任险

C. 因发大水不能按行程计划漂流，旅游者与导游发生争议

D. 因突发车祸意外事故旅行社终止行程与未受伤游客发生争议

E. 景区未达到法定开放条件接待旅游者发生安全事故的

参考答案

《中华人民共和国宪法》

一、单项选择题

1.A 2.A 3.A 4.B 5.B 6.C 7.A 8.C 9.A 10.D

11.A 12.C 13.A 14.C 15.C 16.A 17.B 18.A 19.D 20.D

二、多项选择题

1.ABCD 2.BDE 3.BDE 4.ABCD 5.ABD 6.BCD

7.BCE 8. ABD 9. ABCD 10.BCE

依法治国和依法治旅

一、单项选择题

1.D 2.C 3.B 4.A 5.D 6.D 7.D 8.D 9.B 10.C

二、多项选择题

1.ABD 2.ABCE 3.ABCD 4.ACD 5.ACDE

旅游政策

一、单项选择题

1.D 2.B 3.D 4.C 5.B 6.C 7.C 8.B 9.D 10.B

11.A 12.C 13.B 14.D 15.A 16.D 17.B 18.B 19.A 20.D

二、多项选择题

1.BDE 2.ABDE 3.BCE 4.ABCD 5.ABCD 6.CDE

7.ABDE 8.ABCE 9.ABC 10.ABCE

《中华人民共和国旅游法》

一、单项选择题

1.C 2.B 3.B 4.C 5.C 6.C 7.C 8.C 9.B 10.A

11.B 12.D 13.C 14.A 15.C 16.A 17.C 18.C 19.C 20.C

21.B 22.D 23.B 24.C 25.D

二、多项选择题

1.AB 2.ABC 3.ABD 4.ABCD 5.ABCE 6.ABCD

7.AD 8.AC 9.ABCD 10.ABC 11.CDE 12.ABC

13.ABE 14.ABDE 15.ABCD 16.CDE 17.ABD 18.ACD

19.ABC 20.ABDE 21.AD 22.ABCD 23.ACD 24.ABCD

25.ACDE 26.BD

消费者权益保护法律制度

一、单项选择题

1.C 2.A 3.B 4.B 5.D 6.C 7.D 8.C 9.B 10.D

11.B 12.A 13.A 14.D 15.D 16.D 17.D 18.C 19.D 20.B

二、多项选择题

1. ABCE 2. ABCE 3. ABCE 4. ACDE 5. ABD 6. CDE

7. ABCD 8. ABC 9. BCDE

合同法律制度

一、单项选择题

1.D 2.B 3.A 4.A 5.B 6.C 7.B 8.D 9.B 10.C

11.A 12.D 13.C 14.B 15.B 16.B 17.B 18.D 19.C 20.C

21.A 22.D 23.B 24.A 25.B 26.D 27.A 28.B 29.D 30.D

31.C 32.B 33.A 34.C 35.B 36.C 37.A 38.D 39.A 40.D

41.A 42.B 43.B 44.B 45.D 46.B 47.B 48.C 49.C 50.B

51.D 52.B 53.D 54.D 55.A

二、多项选择题

1.ABD 2.ABCD 3.AC 4.ABCE 5. CD 6. ABDE
7.AB 8. ACDE 9.AB 10. ABDE 11. ABCD 12. ACD
13. ABCD 14. ABC 15. ACDE 16. AC 17. ABCE 18. ABC
19 BD 20.ABCD 21. ACDE 22. ABDE 23. ABCE 24.ABCD
25. BCDE 26. ACE 27. BCE 28. ABCD

旅行社管理法规制度

一、单项选择题

1.D 2.D 3.C 4.B 5.A 6.B 7.D 8.B 9.C 10.C
11.A 12.D 13.C 14.C 15.C 16.A 17.A 18.D 19.A 20.A
21.B 22.B 23.D 24.B 25.A 26.C 27.C 28.D 29.D 30.B
31.C 32.D 33.B 34.B 35.A 36.B 37.C 38.B 39.A 40.C
41.D 42.A 43.D 44.B 45.C 46.D 47. A

二、多项选择题

1.ABCD 2.ABCE 3.AB 4.ABC 5.ACDE 6.ABC
7.DE 8.ABDE 9.ABDE 10. CD 11. ABCD 12.ABCD
13.BCDE 14. ABDE 15. BCDE 16.ACD 17.ABDE 18.ABCD
19.BCDE 20.ABCD 21.BCD 22.ABCD 23.ABC 24.ABCE
25.AB 26.AB

导游人员管理法规制度

一、单项选择题

1.D 2.D 3.C 4.C 5.B 6.B 7.A 8.C 9.C 10.C
11.D 12.B 13.D 14.B 15.C 16.D 17.B 18.A 19.B 20.D
21.D 22.D 23.D 24.D 25.B 26.B 27.C 28.B 29.C 30.A
31.B 32.C 33.B 34.C 35.D 36.D 37.D 38.A 39.B 40.C

二、多项选择题

1.ABC 2.ABD 3.AB 4.AB 5.BCD 6.ABD

7.ABCD 8. ABCD 9. ABCD 10. ABD 11. ABCD 12. ABD

13. ABC 14. AD 15. BC 16. AB 17. ACD 18. ABC

19. AD 20. AD 21. ABD 22. ABD 23ABCD 24.ADE

25.BCDE 26.ABCD 27.ADE 28.BCDE 29.ABDE 30.ABCE

31.BCDE 32.BCDE 33.ABCE 34.CDE 35.BCDE 36.CE

旅游安全管理法律法规制度

一、单项选择题

1.C 2.C 3.D 4.C 5.A 6.A 7.C 8.B 9.C

二、多项选择题

1.BCE 2.ABC 3. ABCE 4. ABCD

旅游保险法律法规制度

一、单项选择题

1.B 2.D 3.D 4.B 5.B 6.B 7.D 8.C 9.B 10.A

11.D 12.B 13.C 14.A

二、多项选择题

1. ABD 2.AB 3.CD 4.CD 5.BCD 6.ABC

7.ABC 8. ACD 9. ABCD 10. ABC 11. ABDE 12.ABCD

13. ABCD 14. ABCD 15.ABC 16.BCDE

旅游出入境管理法律法规制度

一、单项选择题

1.B 2.C 3.D 4.B 5.A 6.C 7.C 8.B 9.B 10.A

11.B 12.D 13.B 14.C 15.B 16.A 17.B 18.D 19.C 20.A

21.C

二、多项选择题

1. ABDE 2.ABCD 3.ACDE 4.ABDE 5.AB 6.ABDE
7.ABCD 8.ABCE 9.ABDE 10.ABCD

旅游交通管理法律法规制度

一、单项选择题

1.B 2.A 3.D 4.D 5.B 6.C 7.D 8.B 9.D 10.B 11.A

二、多项选择题

1.BCDE 2.ABCE 3.ABCD 4.ABCD 5.ACDE

旅游饭店管理法规制度

一、单项选择题

1.C 2.B 3.D 4.C 5.B 6.A 7.C 8.B 9.B 10.B
11.C 12.C 13.B 14.A 15.C

二、多项选择题

1.ABDE 2.ABC 3.BCDE 4.BCD 5.CDE 6. ABCD
7. ACDE 8.ABC 9.ABCD

食品安全管理法律法规制度

一、单项选择题

1.B 2.D 3.D 4.A 5.C 6.B 7.A 8.B 9.C 10.A

二、多项选择题

1. BCDE 2. ABC 3. ACDE 4. ABC 5. ABCD 6. ABDE

旅游资源保护法律法规制度

一、单项选择题

1. D 2. A 3. B 4. A 5. D 6. A 7. C 8.A 9.B 10. C
11.A 12. D 13.D 14. C 15. B

二、多项选择题

1. ABD 2. CD 3. ABD 4. ABC 5. AB 6. AB
7. ABC 8. ABCE 9. ABDE 10. ABCD 11. ABCD 12. ABCD
13. ACDE 14. ABCD 15. BCD 16. ABCD 17. ACD 18. ABC

旅游投诉规章制度

一、单项选择题

1.D 2.C 3.C 4.B 5.B 6.B 7.C 8.B 9.C 10.C
11.D 12.C 13.A 14.B 15.D 16.A 17.C 18.B 19.B 20.C
21.D 22.B 23.D 24.C 25.D 26.D 27.B 28.A 29.D 30.D

二、多项选择题

1. ABD 2. AD 3. AB 4. ABCD 5. ABD 6. ABCD
7. ABCD 8.ADE 9.BCDE 10.DE 11.ABC 12.CE
13.ABC 14.AE 15.ABCD 16.ABDE 17.AB 18.ABCD
19.BCDE 20.ABC 21.ABCD 22.ABC 23.BCD

模拟试题一

一、单项选择题

1.A 2.C 3.D 4.D 5.C 6.A 7.C 8.B 9.B 10.D
11.D 12.D 13.B 14.A 15.B 16.D 17.A 18.B 19.A 20.B
21.B 22.B 23.C 24.A 25.A 26.A 27.D 28. A 29.C 30.A

二、多项选择题

1.BCDE 2.BDE 3.ACDE 4.ABC 5.AC 6.ACD
7.AB 8.BCDE 9.ABC 10.ABDE 11.BC 12.ABCD
13.ACDE 14.ABD 15.ABE 16.ABCD 17.AC 18.ABCD
19.ABC 20.ABCD 21.ACDE 22.ACDE 23.ABCD 24.CDE
25.ABCD 26.CD 27.ABCD 28. AC 29.ABCD 30.ABCD
31.ACDE 32.ABE 33.ACDE 34.ABDE 35.ABC

模拟试题二

一、单项选择题

1.D 2.C 3.B 4.A 5.D 6.B 7.D 8.A 9.C 10.C
11.A 12.C 13.A 14.D 15.B 16.C 17.C 18.A 19.C 20.D
21.B 22.B 23.C 24.C 25.B 26.C 27.B 28. B 29.C 30.C

二、多项选择题

1.ACDE 2.ABD 3.ABCD 4.ABCD 5.ABDE 6.ABCE
7.AE 8.ABC 9.ABCD 10.AC 11.ABC 12.BCD
13.ABCD 14.AB 15.ABCE 16.CD 17.ABC 18.ABCD
19.ABCD 20.ABCD 21.AB 22.ABDE 23.ABC 24.ABCD
25.ABCD 26.CD 27.CDE 28.ABCD 29.ABCD 30.ABC
31.ABC 32.AC 33.AE 34.ABCD 35.AB

模拟试题三

一、单项选择题

1.C 2.B 3.C 4.D 5.D 6.D 7.B 8.D 9.C 10.C
11.D 12.A 13.A 14.C 15.C 16.B 17.D 18.A 19.B 20.C
21.B 22.D 23.C 24.B 25.A 26.D 27.A 28.C 29.A 30.D

二、多项选择题

1.BCE 2.ABD 3.ABD 4.ABCE 5.ACE 6.ABC
7.ABDE 8.ABCE 9.ADE 10.BCDE 11.ABC 12.ABCD
13.ABCE 14.ABCD 15.ABCD 16.ABC 17.ACDE 18.ACDE
19.ABDE 20.ACDE 21.ABCD 22.ACE 23.ABCD 24.ABC
25.BCDE 26.ACDE 27.BD 28.ABC 29.BCDE 30.ACD
31.ACD 32.CD 33.ACDE 34.DE 35.AB

模拟试题四

一、单项选择题

1.A 2.D 3.D 4.B 5.C 6.D 7.B 8.C 9.C 10.A

11.B 12.C 13.D 14.D 15.B 16.C 17.D 18.D 19.D 20.A

21.B 22.B 23.B 24.B 25.D 26.D 27.C 28.C 29.C 30.D

二、多项选择题

1.BDE 2.BCD 3.ACD 4.BC 5.ABCD 6.ABDE

7.ABCD 8.ABC 9.AB 10.ABC 11.ABD 12.ABD

13.ABCD 14.BC 15.ABD 16.BC 17.BCDE 18.ABCE

19.ABC 20.AC 21.AB 22.ABCD 23.ABCE 24.ABDE

25.ABCE 26.BD 27.ABD 28.BD 29.ABD 30.BC

31.ABE 32.CDE 33.ADE 34.AD 35.ACDE

附录一

2016年全国导游人员资格考试大纲

一、考试性质

全国导游人员资格考试是为国家和社会选拔合格导游人才的全国统一考试。考试的目标是以公平、公正的考试方式和方法，检验应试人员是否具有从事导游职业的基本知识、素养和技能。根据《中华人民共和国旅游法》规定，参加全国导游人员资格考试成绩合格，与旅行社订立劳动合同或者在相关旅游行业组织注册的人员，可以申请取得导游证。

二、考试科目、语种与要求

全国导游人员资格考试科目包括：科目一“政策与法律法规”、科目二“导游业务”、科目三“全国导游基础知识”、科目四“地方导游基础知识”、科目五“导游服务能力”。

考试语种分为中文和外语两种，其中外语类包括英语、韩语、日语、法语、德语、西班牙语、葡萄牙语、俄语等。

对上述科目内容，应试人员应分别从了解、熟悉、掌握等三个能力层次予以把握：

——了解，要求对导游从业相关知识能够准确再认、再现，即知道“是什么”；

——熟悉，在了解基础上，能够深刻领会导游从业相关知识及规定，并借此解释、论证观点，分析现象，辨明正误，即明白“为什么”；

——掌握，要求能够灵活运用导游从业相关知识和方法，综合分析、解决理论和实际问题，即清楚“怎么办”。

三、考试方式

考试形式分笔试与现场考试两种，科目一、二、三、四为笔试，科目五为现场考试。笔试科目实行机考，各地使用国家旅游局统一的计算机考试系统进行考试。现场考试以室内模拟考试方式进行，由省级考试单位根据标准组织本行政区域内考试。

科目一、二合并为1张试卷进行测试，考试时间为90分钟，其中科目一、科目二所占比率各50%；科目三、四合并为1张试卷进行测试，考试时间为90分钟，其中科目四所占比率不少于50%。考试题型均为客观题，分单项选择题和多项选择题两种。单项选择题每题有四个选项，有且只有一个选项正确；多项选择题每题有五个选项，可能有二至四个选项正确。每张试卷 130 题，其中单项选择题 60 题，每题 0.5 分，共 30 分；多项选择题 70 题，每题 1 分，共 70 分。

科目五考试采用现场考试的方式进行，中文类考生一般每人不少于 15 分钟，外语类考生一般每人不少于 25 分钟。各省各考区中文考生“景点讲解”考察范围不少于 8 个，外语类考生“景点讲解”考察范围不少于 3 个。

考试成绩采用百分制，中文类现场考试分为五大项：语言和礼貌仪态占 20%，景点讲解占 50%，导游服务规范占 10%，应变能力占 10%，综合知识占 10%。外语类现场考试分为六大项：语言和礼貌仪态占 30%，景点讲解占 30%，导游服务规范占 10%，应变能力占 5%，综合知识占 5%，口译占 20%。

附录二

《政策与法律法规》大纲

一、考试目的

通过本科目的考试，检查考生对党和国家的基本国策、根本制度、根本任务、重大方针政策以及相关法律、法规，旅游业发展的方针政策、办法等的了解、熟悉和掌握程度。

二、考试内容

1. 熟悉《中华人民共和国宪法》（以下简称《宪法》）序言及总纲的内容，熟悉《宪法》规定的我国基本国策、根本制度、根本任务和国家机构，掌握《宪法》关于公民的基本权利和义务的规定，熟悉国旗、国歌、国徽和首都的规定。

2. 了解《中共中央关于全面推进依法治国若干重大问题的决定》所提出的全面依法治国的重大意义、指导思想和总目标，熟悉依法治国的五大体系、六大任务；熟悉依法治旅的意义和措施。

3. 熟悉《国务院关于加快发展旅游业的意见》（国发〔2009〕41 号）、《国务院关于促进旅游业改革发展的若干意见》（国发〔2014〕31 号）、《国民旅游休闲纲要（2013—2020 年）》（国办发〔2013〕10 号）和《关于进一步促进旅游投资和消费的若干意见》（国办发〔2015〕62 号）的主要内容以及对我国旅游业发展的影响；了解我国旅游业“十三五”发展的指导思想、主要目标、规划指标、主要任务。

4. 了解《中华人民共和国旅游法》（以下简称《旅游法》）的立法背景、框架，熟悉《旅游法》的立法目的、适用范围、发展原则等总则的内容，掌握《旅游法》的基本内容、主要法律制度及其相关法律责任。

5. 熟悉《中华人民共和国消费者权益保护法》的基本原则、消费者及其权利、经营者的义务、消费者权益的保护；熟悉《中华人民共和国合同法》的基本原则、合同的订立、形式、内容和履行、变更和解除、违约责任的承担等规定；掌握《旅游法》关于旅游服务合同的规定。

6. 熟悉和掌握《旅游法》《旅行社条例》《旅行社条例实施细则》关于旅行社设立、经营范围、经营原则、经营规范、旅行社的权利义务等法律制度及其相关法律责任的规定；了解《中国公民出国旅游管理办法》的主要法律制度。

7. 熟悉和掌握《旅游法》《导游人员管理条例》和《导游人员管理实施办法》关于导游人员的资格考试制度、执业证书制度、计分管理制度、年审管理制度、等级考核制度的内容和执业行为规范、导游人员的权利和义务及其相关法律责任；熟悉和掌握《旅游法》《出境旅游领队人员管理办法》关于领队人员职责、义务及其相关法律责任的规定；了解和熟悉《导游领队引导文明旅游规范》关于引导的主要内容和具体规范的规定。

8. 了解、熟悉和掌握《旅游法》《旅游安全管理暂行办法》《旅游安全管理暂行办法实施细则》《重大旅游安全事故报告制度试行办法》《重大旅游安全事故处理程序试行办法》关于旅游安全的法律制度、安全事故处理及其相关法律责任的规定；熟悉《旅游法》《旅行社责任保险管理办法》等法律、法规对责任保险及其旅游意外保险的相关规定。

9. 熟悉和掌握《中华人民共和国出境入境管理法》关于中国公民和外国人出入境证件的规定，中国旅游者出入境的权利义务及其相关法律责任，外国旅游者入出境的权利义务及其相关法律责任的规定；了解和熟悉《中华人民共和国航空法》关于承运人的权利义务及其相关法律责任；《中华人民共和国铁路法》关于承运人的权利义务及其相关法律责任，旅客权利义务的规定；《国内水路运输管理条例》关于承运人的权利义务及其相关法律责任的规定。

10. 了解《旅游法》以及有关法律法规关于饭店经营者权利义务的规定；熟悉和了解《中华人民共和国食品安全法》《食物中毒事故处理办法》关于食品安全保障法律制度及其相关法律责任、食物中毒的处理的规定；了解《娱乐场所管理条例》关于娱乐场所的管理制度、经营规则规定及其相关法律责任的规定。

11. 熟悉《风景名胜区条例》关于风景名胜区管理、保护和合理利用的规定及其相关法律责任的规定；熟悉《中华人民共和国文物保护法》关于文物及文物保护的规定及其相关法律责任的规定；熟悉《中华人民共和国自然保护区条例》关于自然保护区区域构成、管理、保护和合理利用的规定及其相关法律责任的规定；了解《保护世界文化和自然遗产公约》关于文化遗产和自然遗产的定义、国家保护和国际保护的规定。

12. 了解旅游纠纷及其特点；熟悉《旅游投诉处理办法》关于旅游投诉及其构成要件，掌握投诉案件的受理和处理的规定；熟悉《中华人民共和国消费者权益保护法》关于争议的解决的规定；了解最高人民法院《关于审理旅游纠纷案件适用法律若干问题的规定》的规定。